ラジオ 言ったもん勝ち！だもん

お悩み解決！ 並木良和の生きるヒント

並木 良和

はじめに

皆さん、こんにちは、メンタルアドバイザーの並木良和です。
この度、FMヨコハマのラジオ番組『言ったもん勝ち!だもん』が書籍化されることになり、本書を通しても皆さんとつながれますことを、心からうれしく思っています。

この番組は、リスナーの方から送っていただいたお悩みにお答えしていくものですが、どのお悩みもバラエティーに富んでいて、どれ一つとして同じものはありません。それほど世の中は、多種多様なお悩みに溢れているということでもありますが、その内容は、ここ20年ほどの間に大きく変化してきているな、というのが僕の印象です。

僕は、メンタルアドバイザーとして、2004年~2020年までの間、個人セッションという形で、多くの方のお悩みと向き合ってきました。

その内容というのは、「パートナーシップ」「仕事」「健康」に関してがほとんどで、さまざまなバリエーションがあるという感じです。

それが、２０２０年に本格的にクローズアップされてきた新型コロナウイルスを機に、「自己実現」に関するお悩みが、非常に多くなりました。

言い方を換えると、「自分は何のために生きているのか」「人生の目的は何なのか」という、人生や存在の本質に関わるお悩みが急増してきたのです。

今という混迷を極める時代は、誰もが大なり小なり人生の道に迷い、この先どうしたらいいのかと思い悩みます。なぜなら、時代が移り変わるときには、これまでの「常識」や「当たり前」が通用しなくなるからです。

つまり、今まで通りではなく、何かを変えなければならないときを迎えているのは、どこかでわかってはいるんだけど、何をどう変えていいのかわからない……このジレンマに陥っているんですね。

そしてそんな時は、誰もが同様に、その問題と思う状況にとらわれ、視野が狭くなり、多角的に物事を見ることができなくなってしまいます。

誰かに悩みを聞いてもらうと、その問題を話しているうちに、何となく自分の中で整理され、まだ解決していなくても、考えがまとまって、方向性が見えてきたりします し、何より悩みを共有してもらうことで、少し肩の荷が降りるような、軽やかさを感じることができますよね！

この番組は、そんな「場」として使っていただけたらうれしいな、と僕は常々感じていて、毎月、プロデューサーの木村忠寛さん、そしてアシスタントの藤丸千さんや、個性豊かなマンスリーゲストをお迎えし、僕だけではなく、みんなでリスナーの皆さんのお悩みをお聞きし、それぞれの視点でお答えすることで、少しでも解決のヒントをつかんでいただけたらと願っています。

もし、あなたの家族や友達が悩んで暗い顔をしていたら、あなたも決して軽やかではいられませんよね？　それは逆もしかりです。

あなたであれ、他の誰かであれ、悩みが少しでも軽くなって笑顔が増えてきたら、みんなが温かい気持ちになると思うんです。それは、巡りめぐって世界に調和をもたらすことにもなることだと、僕は信じています。

それだけではなく、皆さんのお悩みにお答えしていく中で、僕たちも大きな気づきや学びをもらっていて、毎回実りある時間を過ごさせていただいているのです。

その中でも、特に感じるのは「悩み」は「メッセージ」であること。

あなたが悩むとき「立ち止まって！　そこに大切なメッセージが隠されているよ！」と、「あなたが、より幸せに豊かになっていくために、気づく必要のあること」に気づけるチャンスがやってきているのです。

だって「今までのやり方や在り方では、うまくいかないよ！　違う視点で取り組んでみて！」と伝えてきてくれているわけですから、そこから抜けたら、「あなたは今までの自分とは違う自分」で、人生を生きることになり、「人生に違いを生み出す」ことができるのです。

それは、「新しい可能性を生きる」ことに他なりません。ほら、悩みを少しでもポジティブにとらえ直すことができるような気がしませんか？

そうなったら「あなたは悩みから、もう少しで抜けていけますよ！」というサインです。この悩みを通して、どんな自分に変化できるのかに、ワクワクしながら取り組むことで、いつのまにか抜け出していることに気づくでしょう。

この瞬間もたくさんの方が、それぞれに悩み、そして本当に多くの方に聴いていただいています。そして、ラジオを通して、皆さんとつながれることに、何とありがたいことか、と一回一回を大切に務めさせていただいています。

『言ったもん勝ち！だもん』は、今年4年目を迎えることになりますが、これからも、皆さんのお悩みにさまざまな角度からお答えし、人生をより豊かで幸せに過ごせるヒントをお伝えできたらと思っておりますので、よろしくお願いいたします。

それでは本書が、あなたのお悩みの解決に、少しでも役立ちますように！　誰かの悩みは、あなたのためにあるのかもしれないのですから……。

並木良和

CHAPTER
02
浄化・整理のお悩み

CHAPTER
03
日常生活・習慣のお悩み

CHAPTER 04
占い・パワーストーンなどのお悩み

CHAPTER 05
夢のお悩み

CHAPTER 06
不思議体験のお悩み

CHAPTER 07

仕事・自己実現・使命のお悩み

CHAPTER
08
家・土地・お墓についてのお悩み

CHAPTER
09
ペットのお悩み

CHAPTER
10 神社・パワースポットのお悩み

CHAPTER

01

家族・人間関係のお悩み

CONCERNS ABOUT FAMILY RELATIONSHIPS

小さい頃から人間関係がうまくいかず、人から嫌われる恐怖があります。良いアドバイスがあれば教えてください。

まりこさん

人の目や人にどう思われているかが気になって悩んでいる方は周りにもたくさんいますが、人間の本質を理解することができれば、その悩みを克服していけると思います。

自分のことを考えてみたときに、「あの人のことが好き」「あの人のこういうところが嫌」と、人のことをあでもない、こうでもないと勝手に考えていますよね。それは相手も同じです。そして、相手がどう思うかはあなたにはコントロールができないのです。

こんな実験があります。人が100人いるとします。その中の20人はあなたが何をしたって絶対に気に入らないという反応を示し、あとの20人はあなたが何をしても絶対にあなたのことを好きだと言ってくれます。残りの60人は好きか嫌いかのどちらかに分かれるそうです。

どんなに努力をしても、「絶対にあなたのことは認めません」という人は必ず一定数いるんだということを知っておくことがとても大事です。「どんなことがあってもあなたを応援するよ」と言ってくれる人を大事にしていけばいいのです。

これもよく言われることですが、例えば、YouTubeで高評価が1000あったとします。でも、低評価が15ついていたら、「なんで低評価なんだろう……」とすごく落ち込みますよね。1000も私に高評価をつけてくれている人がいるのに。どうして自分を高く評価してくれている人に意識を向けないのでしょうか。

意識を変えるだけで、その後の人生が全然違ってきます。低評価に悩んで落ち込み続けていたら、高評価を押してくれた1000の人たちも低評価を押しはじめます。ネガティブに意識が向く癖ができると、その人らしさがなくなっていくからです。

だから、ポジティブな方に意識を向ける癖をつけてみてください。

まとめ

相手が自分のことをどう思うかはコントロールできません。
自分のことを好きだと言ってくれる人を大事にして、
ポジティブな方に意識を向ける癖をつけてください。

なみなみの ワンポイントアドバイス

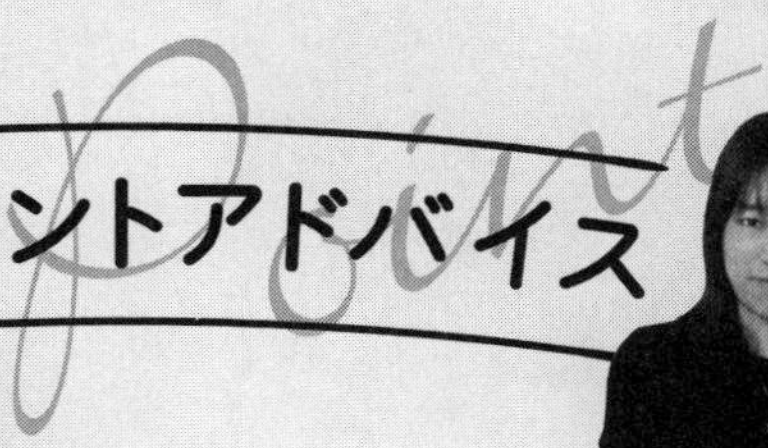

菊花茶を飲んで魔除け的な浄化を

「人から恨まれているんじゃないか」とか「人の念が飛んできているような気がするんです」という相談を受けることがありますが、そういったネガティブなエネルギーを受け取ったときは、ぜひ菊花茶を飲んでみてください。菊の花は、いわゆる魔除け的な浄化を促していく花だそうで、生霊的なエネルギーが全部クリアになって、スカッとすると思います。

中には菊の花にアレルギーがある方もいらっしゃるので、ちょっと試しながら飲んでいただき、日常に取り入れてもらえるといいかなと思います。

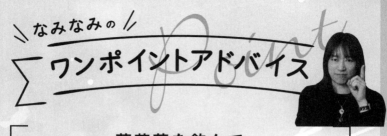

気分の起伏が激しい夫、学校に行かなくなった19歳の長男、朝起きられなくて遅刻しがちな17歳の次男。これは私の行動に何か問題があるのでしょうか。

おようこびさん

まず、うまくいっていないところに意識を向けていると、すべてがうまくいかないかのような錯覚に陥ります。

あなたが楽しく暮らしたいと思うことと、家族がどうであるかということは、実は関係がありません。客観的にいったん切り離して考えてみてください。「彼らはこうだけど、私は楽しく過ごそう」と意識して、自分の幸せや喜び、楽しみを見つけて、それを生活の中に反映させてください。すると、だんだん楽しくなってきます。自然と「別に夫の機嫌が悪くてもいいじゃない。長男は自分で選んでやってることだし、次男も次男で楽しくやってるからそれでいいよね」と思えるようになります。

子どもも夫も違う個性を持っている違う人間なので、リズムが違うのは当たり前。「違う人間なんだ」と気持ち的に距離を置くと、これはこの人のリズムなんだということが見えてきます。そうすると、不思議とご主人や長男、次男の行動も変わってくるのです。

人を変えるということは、神様であってもできません。だから変えようとしないことです。不可能なことに時間とエネルギーを使うのではなく、自分が楽しいと思うことに集中してみてください。

まとめ

人を変えることはできません。
家族の状況と自分の不幸は切り離して、
自分が楽しいと思うことに集中してみましょう。

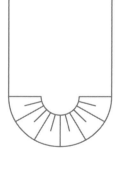

なみなみの

ワンポイントアドバイス

この世界は自分の映し鏡。自分の意識が反映された世界

人は変えられないという話をしましたが、その代わりにできることがあります。例えば、あなたが誰かを見ていて、「何でこんなにグズグズしているんだろう」「もっと急いでやればうまくいくのに……」と言いたくなることってありますよね。そう思ったときは、いったん外に向けている意識を自分に向けて、誰かに対して言いたいと思っていることを一度あなた自身が徹底的にやってみてください。「あの人、言葉遣いが悪いな。なんでもっと丁寧にできないんだろう」と思ったら、まずはあなたが言葉遣いを丁寧にしてみるのです。そうすると不思議なことに、相手の言葉遣いも丁寧になります。

なぜなら、この世界は自分の映し鏡というように、自分の意識が反映された世界だからです。あなたが誰かに言いたくなることは、実はあなたがあなた自身に言いたいことだと気づけた人から、本当の意味で幸せになります。

「私はできてる。私はあんな人じゃない」と思うのではなく、「もう1回ちゃんと自分を見つめて、自分を整えてみよう」と思いながらやっていくと、「そういえばあの人、最近変わった気がする」と周りの変化を感じられるようになります。

母親との関係に悩んでいます。母とはいつも意見がぶつかり合い、結局は私がいつも折れて、母親に合わせることで喧嘩をしないようにしています。相手に自分の意見を受け入れてもらうにはどうしたらいいですか。

くろちゃんさん

「結果的に私が折れている」というのがフラストレーションになっているのでしょう。喧嘩しないようにしているのが不満なので、思い切って喧嘩しましょう。ただし、喧嘩もエネルギーがいるので、喧嘩をしているうちに、「これをやっていても不毛だな」と、わかってきます。喧嘩をしているときは、ムカムカやイライラはあっても、絶対いい気分ではないですよね。喧嘩をしないようにする、イコール、いつも喧嘩を思い描いているということなんです。

結果的に、喧嘩の方にフォーカスしてしまうからこそ、流れが喧嘩に向かいます。この流れを変えるためには、喧嘩を抑えようとするより、「喧嘩したら喧嘩したでいいじゃん。親子だから喧嘩できるってこともあるでしょ！」と、いい意味で開き直っていくというのもひとつのやり方。そうすると、「最近あんまりぶつからないな」という状況が、わかったりします。くろちゃんさんは、お友達とは、お母様と同じようには喧嘩しないはず。それはやはり、親子だから。「喧嘩しちゃいけない」「喧嘩しないように」と意識を喧嘩にフォーカスさせないことです。

相手に自分の意見を受け入れてもらうにはどうしたらよいか、とのことですが、違う角度からアドバイスをすると、くろちゃんさんと同じように、お母様もくろちゃんさんに自分の意見を受け入れてもらいたいと思っているんです。だから「1回、受け入れてみました」という体《てい》を作ってみるといいのです。例えば、お母様がくろちゃんさんに「こうしなさい」と言ったとき、「1回やってみたんだけど、なんだかうまくいかなかった、できなかった」と、一度は受け入れた姿勢を見せるだけでも、お母様は変わると思います。

喧嘩は、自分が正しいと思っていることのぶつけ合い。どちらも正しいということ。それは、どちらかが間違っているということではなく、みんなそれぞれの真実がある。でも、それは不毛なことだと終わった後に気づくもの。だから、それを手放すのです。そうすると気づきがある。喧嘩しないようにするのが大事なのではなくて、喧嘩した後に、「ごめんね」と言えることの方が大事。「ごめんなんて言いたくない」「自分が悪いと思いながら謝るのは悔しい」という方が問題だと思います。ごめんと思ったら「ごめんなさい」と正直に、素直に言えばいいのです。

まとめ

思いっきり喧嘩すればいい。不毛だとわかるので、抑えるより喧嘩する。喧嘩は「自分が正しい」のぶつかり合いなので、一度は受け入れて、あとで「ごめんね」と言えばよい。

なみなみの ワンポイントアドバイス

相手と調和のエネルギーを生み出すには？

自分の意見を受け入れてもらいたいとき、関係性に調和を生み出す方法として、イメージで、無限大の形∞の中に相手を入れながら会話するのがおすすめです。摩擦ではなく、調和のエネルギーを生み出します。自分の意見を相手に伝わりやすくして、相手が意見を受け取りやすくします。

まず、自分の足元から幅の広いリボンが無限大に二人を包むイメージをします。このリボンが、無限大のマークのようにずっと包み続けながら話すと、相手に気持ちが伝わりやすく、調和が持てるようになります。色はピンクかゴールド、マゼンタピンクで包みます。調和させながらも、相手に理解してほしいときは、このテクニックを試してみてください。

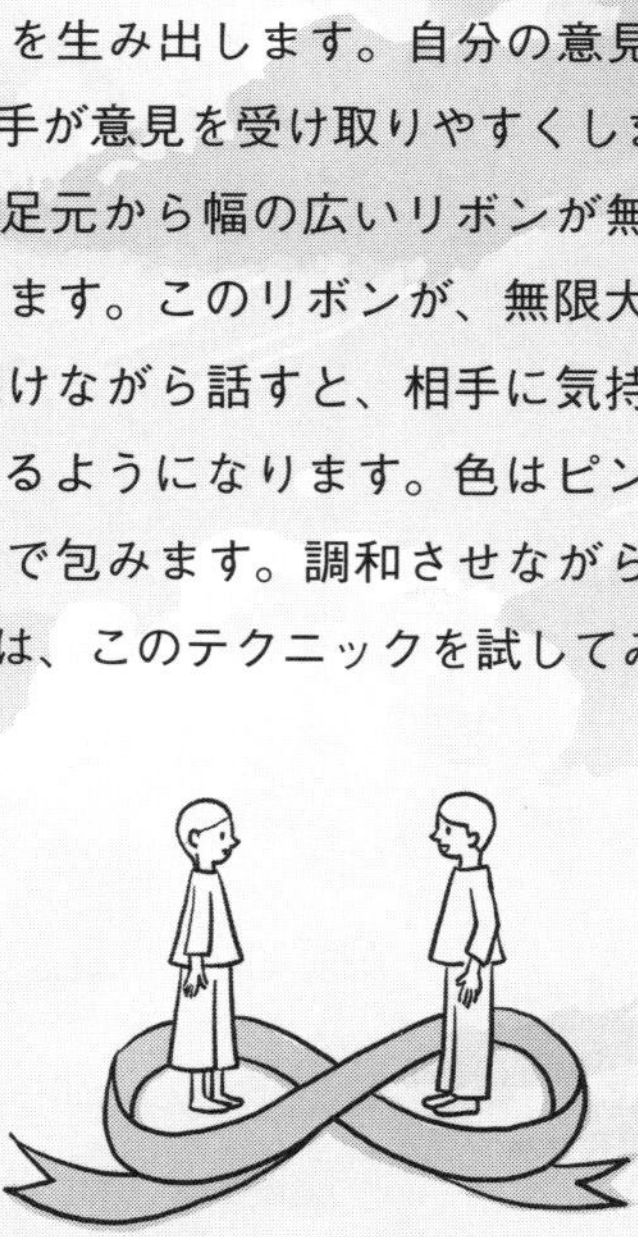

Q

5歳の長男は生まれたときから寂しがり屋です。できる限り寂しい思いをさせないようにしていますが、「置いていかれるんじゃないか」と不安が消えないようです。どうしたら不安を解消してあげられるのでしょうか。

かおるさん

A

人間は誰もが必ず生まれ変わります。かおるさんの場合は、罪悪感を持ったりせず、「これは過去世の話で、もしかしたらそんな人生もあったのかもしれない」という程度で聞いてほしいのですが、かおるさんは、前世でもこの息子さんのお母さんだったことがあります。

ただ、その過去世で、この子を置き去りに家を出てしまっているんですね。そのときの息子さんの恐怖心や不安、寂しさが今の息子さんの魂の中にまだ経験として残っています。

今の人生ではもちろんそんなことはないのですが、その過去世の記憶がベースになっているので、「またいなくなっちゃうんじゃないか」「また置いていかれるんじゃないか」という気持ちが出てきてしまうのです。

だから、お子さんが眠りについたら、頭をなでながら、「もしかしたら過去につらいことがあったかもしれないけど、この人生では絶対にそんなことはないから大丈夫よ」と伝えてあげてください。それを何日か続けてあげると、だんだん潜在意識に落とし込まれていき、安心感に変わって不安な気持ちが落ち着くはずです。

まとめ

前世の記憶が残ってしまっていることが原因です。頭をなでながら「大丈夫」と伝えてあげることで、だんだんと気持ちが落ち着いてくるでしょう。

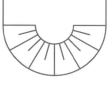

会社に嫌な上司がいます。「嫌な人は自分の意識の投影」と言いますが、私の内面の何を映しているの？　私は「パラレル」や「五次元意識」が腑に落ちている方で、普段はおだやか。その上司だけがそのままで、何を伝えているのか知りたいです。

さおりさん

A

この世界は鏡とよく言いますが、映し鏡なので、自分と似通っているものを持っていると拒否反応を示すことがあります。なぜなら、お互いに性格が似ていると認識したくないからです。なので、ぶつかり合うとか、「嫌だ！」という反応が起きるのは、共鳴するものを持っているということです。

さおりさんが上司の方と同じことをやっているというわけではなく、何かが共鳴しているんだなと「心地よくない」その感覚を手放せばいいのです。嫌悪感を手放すことで、そばにいても気にならなくなります。これまでと同じ状況にいても、「嫌だな……」

という感覚がわいてこなくなります。そして、「私と何が同じなの？」と深く考え込んでしまわないことです。周囲が好きな人ばかりとは、なかなかいかないもの。違う人間なのだから、同じであるわけがない。

例えば、過去世のカルマが引き合う原因となって、敵味方同士が夫婦になったりもします。なので、夫婦喧嘩が絶えないのは、ある意味当たり前だったりします。そして、二人は出会うようになっているので、最初は喧嘩とは無縁です。

しかし、だんだんとカルマが浮上し、ネガティブな感覚が内側からわいてきます。そのカルマを解消して成長するために出会うのです。

まとめ

拒否反応を感じたら、その感情を手放すレッスンを。
過去世のカルマが原因の場合も。

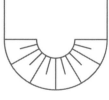

Q

私は人が好きという気持ちと嫌いという気持ちが同時にやってきて、人間関係が長続きしません。人といい関係を作るには、どうすればいいのでしょうか。

友達の輪さん

A

相反する気持ちが同居することってありますよね。友達の輪さんの場合、過去世で信頼していた人に裏切られたことがあり、それがトラウマになって魂の中に刻まれているのが視《み》えます。好きと同時に嫌いという感情がわいてくるのは、裏切られたときのために予防線を張っているんですね。

本人は覚えていなくても、過去のトラウマがまだ自分の中で癒やしきれていないのです。だから、嫌いという感情が出てきたときは、「これは今の私のものではない」と、いったんその感情と距離を置いてみてください。もっとニュートラルに、今の関係性に意識を向けることができるはずです。

これは誰にでも言えることですが、人間関係は距離感が大事です。健康のためには、食事は腹八分にするといいと言いますよね。それと同じで、人間関係も腹八分ぐらいで付き合うのが一番いいんです。相手にあまり入り込みすぎないこと。好きなのに嫌いだと思ってしまうということは、もしかしたら少し相手に入り込みすぎているのかもしれません。心地よく関われる距離感はどれくらいなのか、自分の感覚を通して知ることが大事になってきます。

親友との関わりも腹八分での付き合いをおすすめします。どんな人でも、入ってきてほしくない領域やテリトリーがあります。「私は入ってこられても大丈夫」という人でも、相手が思っている距離感と自分が思っている距離感がまったく同じとは限りません。「親友だから入ってきていいよ」と言っても、あとから無理が出てきたりします。そうすると、「あんなに好きだったのに、最近ちょっと嫌だな……」と距離を置いてしまうことになりかねないのです。

僕たちは成長する生き物で、成長していくスピードやリズムもそれぞれ違います。だから、一方の成長スピードが早く、もう一方の成長スピードが遅かったりすると、それまではいい関係性であったとしても、途端に合わなくなります。これは、成長スピードの優劣の話ではなく、お互いの状態の違いです。

こういうときは、距離を置いて、少し待ってみましょう。成長のスピードが合ってくれば、またいい関係性が作れます。いい意味で放っておく。このあんばいが非常に大事なのです。

まとめ

人間関係は腹八分ぐらいで付き合うのがちょうどいい。関係性がうまくいかなくなったときは、いったん距離を置いて様子を見てみましょう。

Q

私には付き合ってもうすぐ7年、同棲して4年の彼がいます。一緒にいて居心地が悪いわけではないのですが、お互い先に進むためにはどうしたらいいか悩んでいます。

ともみさん

A

付き合ってもうすぐ7年、同棲して4年とありますが、ともみさんと彼は関わり合うことでまだ学べることがあるように視えます。

居心地が悪いのであれば「これは違う」と言って、それぞれの方向に行くのがいいですが、一緒にいて居心地が悪くないのであれば、別に今のままでもいいと思います。

ただし、気をつけないと腐れ縁になる可能性があるので、「今、私たちこういう状態だけど、これからどうしたい？　どうなりたい？」と、お互いの進む方向性をしっかりと話し合って明確にするというプロセスは大事です。ともみさんたちの場合はそれを避けては通れません。「方向性の話し合いなんて面倒くさい」と感じるかもしれませんが、大事なことなので、ともみさんが、もしこの彼との関係が大切だと思うのであれば、避けずに話し合ってみてください。

一方で、嫌いじゃないのに居心地が悪いという方もいると思いますが、その場合は「一緒にいるべきではないタイミングを迎えた」というサインです。それなのに、「別に嫌いなわけじゃないからな……」とそのサインにふたをしてしまうと、あとで大きな痛みを伴います。だから、こういうサインにはきちんと耳を傾けましょう。

まとめ

居心地が悪くないのであれば、今のままでもいいでしょう。ただし、腐れ縁になる可能性があるので、自分たちの今後の方向性についての話し合いは必要です。

なみなみの

ワンポイントアドバイス

3月は別れのタイミング。執着せずその先の希望につなげて

3月は大きな人生の流れの中で出会いと別れが出てくるタイミングなので、長年連れ添ったパートナーや長年の親友とのつながりがブチッと切れることがあります。でもそのときに、「長年付き合っているから」という理由でつなぎ止めようとしないでください。この時期に別れの話が出るのは、離れるべくして離れるときを迎えましたというサインです。そこで執着してしまったり、一緒にいてほしいとつなぎ止めてしまうことによって、お互いがバランスを崩したり、関係性が悪いものになってしまいます。

「別れたらどうするの？ 私ひとりになるじゃない……」と思いますよね。でも、あなたがこのサインにちゃんと耳を傾けて、スムーズに関係性を解消していくことができれば、また新しい、もっと素晴らしい人との出会いがあります。だから、そのサインを信頼して、その先の希望につなげてください。「別れてしまったらもうおしまい」ではなく、「この別れによってもっといい出会いが待っているんだ」という意識が、これから先のあなたの人生を明るいものにします。

3歳の息子は、家では言いたいことを言いますが、外では言いたいことを我慢しています。私も我慢するタイプだったのですが、「鏡の法則」なのでしょうか。

みいさん

3歳というと外の世界とのつながりができてくるわけですが、お子さんは外の世界との関わりの中で、外に対して安心できないようです。外では緊張感を持っているというか、安全な場所だと認識していないという部分がお子さんに見受けられます。〝我慢することで身を守る〟みたいな性格が、どうしても強く出ているのです。

みいさんへのアドバイスとしては、まずは、「世界って安全なんだ」ということをお子さんに教えてあげるといいでしょう。1日1回とは言いませんが、「大丈夫、世の中って怖いものじゃない」「外も安全で、みんな親切で優しいよ」と、教えてあげてください。

もちろんそうじゃないこともあります。ただ、そんなふうに接していくと、お子さんの意識が変わって、心を開いて、オープンになれるのです。やがて、もっと自分の意見を言えるようになる。家だと言いたいことを言えるのは、家は安全で受け入れてもらえるところだと認識しているからです。

「鏡の法則」と思われていますが、自分の中にあるものを、息子さんに見ているのです。自分もちゃんと伝えたいことや言いたいことを周りに表現できているか、見直すといいでしょう。

まとめ

世の中は安全だということを教えてあげると、お子さんもオープンになって意見を言えるようになっていきます。

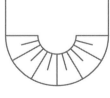

CHAPTER

02

浄化・整理のお悩み

CONCERNS ABOUT
SELF-PURIFICATION AND FIXING

断捨離を進めていますが、書き溜めた日記を捨てるべきか悩んでいます。手放した方がいいのか、持っていた方がいいのか、どちらを選んだらいいでしょうか？

やすこ姫さん

A

捨てた後の後悔をしたくないんですよね。それが原因で捨てられない人はたくさんいますが、実はそれは人生に多大なる負の影響を与えています。「捨てて後悔したらどうするんですか」と言われたことがありますが、「そのとき、自分が決断した行動を受け入れてください」とお伝えしました。

自分の決断を、ちゃんと「私が選んだこと」だと受け止めていけるようになると、自分の人生に責任を持つことができます。このような人は、その後の人生を着々と自分で積み上げていける力を得られるので、もっと幸せで豊かな人生につながっていきます。「手放した方がいいのかな？」と思っているのなら怖がらずに手放せばいいんです。手放すことによってスペースができるでしょう？　そこを宇宙が何らかの形で埋めてくれます。例えば新しい仕事のチャンスだったり、人との出会いだったり、いろんな形でやってくるので、そちらの方に意識を向けてほしいのです。

目に見えるものだけではなく、人間関係もそうです。〝腐れ縁〟と言ったりしますけど、それも思い切って手を放すのがとても大事です。

なぜなら、腐れ縁というのは本当に臭いんです。本当に臭ってくるんですよ。物理的なにおいではないと思いきや、感性が豊かな人は実際ににおいを感じたりもします。臭いところに人は近寄らないでしょう。だから新しい出会いもやってきません。情報や豊かさも全部遮断していることになります。

腐れ縁だと感じているなら、お互いのためにも関係性を整理していくのが大事です。

人間関係における「執着」も手放して
いきましょう。

まとめ

手放すことによってできたスペースに、
新たなチャンスや出会いが入ってくる。
執着を手放しましょう。

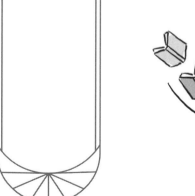

Q

日本人形やぬいぐるみは魂が宿っているような気がして、普通に捨てるのは忍びない気がしますが、普通にゴミとして捨てていいのでしょうか。

食いしん坊よしこさん

A

確かに人間の形や頭、両手両足がついている人型のものには魂が入りやすいですが、すべてに入るわけではないので、ゴミ箱に燃やすゴミとして捨てても構いません。ただ、誰かからいただいてずっと大事にしているような、思い入れの強いものには魂が入りやすいので、そういうものはゴミとして捨てるのではなく、人形供養のお寺でご供養してもらうのがいいでしょう。

実際にこんな経験がありました。僕が友人と食事をしているとき、視ようとしていたわけではなかったのですが、友人の後ろに巨大な日本人形が立っていたんです。どうしても気になったので、友人に「こういう日本人形、知ってる?」と聞いてみると、「この間、捨てちゃったんだよね」と返ってきました。それは魂が入っていたので、ちゃんと供養する必要があったんですね。

自分で供養したいということであれば、人形やぬいぐるみを半紙や白い紙に包み、粗塩と一緒にゴミ専用の袋に入れてください。そして、「ありがとう」と言って処分します。すでに捨ててしまった場合は、その人形のことを思いながら、「ぞんざいな扱い方をしてしまってごめんなさい」とお詫びの気持ちを伝えましょう。

まとめ

大事にしていた人形やぬいぐるみには魂が入りやすいので、お寺でご供養してもらうのがいいでしょう。

Q

人間関係の整理をしましたが、そのうちの一人から、生き霊でも飛ばされているのではないかと思うことが続いています。私の勘違いかもしれませんが、気になるので教えてください。

ベルさん

A

人間関係を整理するときというのは、お互いにとって一緒にいても発展性がないと感じられたときです。一緒にいることで、どんどん人生がふさぎ込んでいくような関係性もやはりあるのです。

このベルさんのケースは、勘違いではなく、確かに飛んできています。ベルさんは、もう未練はないと思っているかもしれませんが、やっぱりどこかに未練が残っていて、それが生き霊を受け入れるベースになっています。だから、ベルさんが「私はお互いの幸せのために手放したんだ」と心から思えるようになったら、生き霊が飛んできたとしてもはじき返すことができます。

少し話が逸《そ》れるかもしれませんが、例えば、あなたが「この人を助けてあげなきゃいけない」と思ったとします。それは、その人のことを〝力のない弱いもの〟として見ているということです。なぜなら、本当にその人が自分の力で乗り越えていけると信じているのであれば、手を放すことができるからです。

相手のためにも手を放した方がいいと思ったときは、それぞれ違う道を行きましょう。一緒の方向を向くように努力をすることが間違っているとは言いません。でも、努力した結果、どうにもならないときは、いったん距離を置いてみてください。

まとめ

「お互いの幸せのために手放したんだ」と心から思えるようになれば、生き霊もはじき返すことができます。

Q

シャワーを浴びるとき、どこから洗えばいいかがわからず、シャワーを浴びられなくなってしまいます。どうすればいいでしょうか。

よしひでさん

A

シャワーやお風呂は、肉体的な汚れをきれいにするためにしますが、実はエネルギー的な汚れを取る、いわゆる浄化のために入るという意味合いもあります。

まず、僕たちはチャクラのシステムを持っていると言われています。これはヨガの哲学の中で言われていることですが、人間にはエネルギーが出入りする7つのチャクラがあるという考え方です。

本当はもっとたくさんのチャクラが存在しますが、7つのチャクラという概念で説明をすると、ひとつの平均的な位置として、尾てい骨、おへその下、みぞおち、胸の真ん中、喉、眉間、そして頭のてっぺんの7カ所にあるので、これを順番に浄化してあげてください。

チャクラを真っ黒い球体のようにイメージし、尾てい骨から光のシャワーをイメージしながら当ててあげてください。きれいになったと思ったら、順番におへその下、みぞおち、胸、喉、眉間、頭のてっぺんへと移動していきます。

全部のチャクラがきれいになったら、今度はオーラという、体の周りを取り巻いているエネルギーフィールドを洗っていきます。頭のてっぺんから20センチぐらい上に離した位置から流し、オーラが、真っ黒く濁ったものから光のシャワーで浄化され、きれいになっていく様子をイメージします。

それが終わったら、肉体を洗いましょう。肉体は頭から洗うのがおすすめです。エネルギー的な観点からも、頭は僕たちが日々最も使っているものだからです。

「私はそんなに考え事をしません」と言う人でも、1日のうちに何通りもの考えを巡らせますよね。それがネガティブなものに偏っているのか、ポジティブなものなのかで、その人のエネルギーが変わってくるのですが、だいたいネガティブなことを考えていることが多く、エネルギーが重たくなってしまっているので、頭から洗ってあげるといいんです。頭皮も硬くなりがちなので、よくマッサージしてあげて、順番に下がっていく。そういう洗い方を試してみるといいと思います。

まとめ

チャクラを尾てい骨から順番にきれいにしていき、それからオーラ、肉体を洗ってあげましょう。肉体は頭から洗うのがベストです。

お寺や神社で手を合わせるように、日本には手を合わせる習慣が多く、手を合わせていると浄化された気がするのですが、その効果や意味を教えてください。

Q

ちいたんさん

A

僕たちは日頃から手を合わせていますが、手には実際に陰と陽という、エネルギーのマイナスとプラスがあります。左手が陰、右手が陽のエネルギーを司っています。そしてこれを合わせることで陰と陽の統合が起きるんです。陰と陽がつながると、僕たちの体の中でバランスが取れます。ちいたんさんが「すごく浄化された気がする」と感じるのは、そのような意味合いがあるからです。

神社に行くときだけでなく、気持ちが落ち着かないときや不安や恐れが取り巻いてるときは、胸の前で静かに合掌してみてください。手と手を合わせ、手の付け根のところを胸の前に当てるのが本来の合掌です。この状態でただ深呼吸をするだけでも、スーッと心が落ち着いて、浄化されるので、ぜひやってみてください。

また、手をこすり、その手を調子が悪いところに当ててみるのもおすすめです。手をこするときは、指先を下に向けて手が熱くなるまでこすってください。手にエネルギーが集まり、高まったエネルギーを痛いところに当て、深呼吸をしながらその温かさがなくなるまで、静かにします。

そうすると、本当にその場所が活性化してきて元気になったり、その手を人に当ててあげることで、癒やしが起きるのです。これがまさに〝手当て〟です。おなかが痛いとき、無意識におなかに手を当てるのも、このためです。

例えば、子どもが転んでけがをしたとき、「こうやって手を当ててごらん」と教えてあげることで、集中力をアップさせることもできるので、ぜひ楽しみながらやっていただけたらと思います。

手の先に意識を向けると、そこにエネルギーが集まってきます。手はすごく敏感で、一番エネルギーを感じやすい場所です。意識的にグーパーグーパーと握ったり開いたりするだけでも脳の血流がアップしますし、脳の活性化にもつながります。手には不思議な力があるんですよ。

まとめ

手を合わせることで身体のバランスを取っています。合掌をするだけでも心が落ち着くので、気持ちが不安定なときは手を合わせてみてください。

CHAPTER

03

日常生活・習慣のお悩み

CONCERNS ABOUT DAILY LIFE AND HABITS

小さい頃から睡眠がうまくとれず、大人になっても日中眠くなる毎日。座って働く仕事は居眠りするので会社勤めは怖くてできません。朝スッキリ目覚め、日中元気に過ごす人生を送りたいです。

ぴよぴよさん

誰にでも魂が存在しているのですが、魂がちゃんと収まっている人と、魂が自分からずれて抜けてしまっている人がいて、ぴよぴよさんは、魂が抜けがちなのです。今ここに自分がいるはずなのに、ここにいない感覚、まさに〝離人感〟です。自分という意識もハッキリ持てない、ぼーっとするようなことが日々あるはず。

魂が浮いて、カチッと収まっていないような状態に思い当たる人は、ぜひ実行していただきたいのですが、みぞおちの中心に両手を重ねます。どちらの手が下になっても可。しばらくみぞおちに意識を合わせながら集中します。魂は肉体を取り囲むように存在しますが、深呼吸しながらリラックスし、自分のずれている魂の中心を、みぞおちに合わせるというイメージをします。

その際に、自分の魂はどちらにずれているかをとらえてみてください。これを戻すように、カチッとみぞおちの中心に合わせます。手を使っても大丈夫。そして深呼吸。

これだけでもスッキリして、自分の意識がしっかり、ハッキリします。

今に集中できる人は基本的にずれていません。ずれている人がやると、「あ、ずれてた！」とわかります。

ぴよぴよさんは、夢見がちな状態のエネルギーで、空まで飛んでいってしまうようなこともあるので、それをちゃんと戻すこと。身体と飛んでいった魂はコードでつながっているので、コードをつかんで凧揚げや風船を引き戻すように引っ張って、受け取って、魂の中心をみぞおちに合わせてカチッと戻してください。

自律神経のバランスを崩したような状態で、呼吸も浅くなっています。腹式呼吸で自律神経を整えましょう。

腹式呼吸がうまくできるようになると整うので、寝る前に行うと睡眠の質もアップします。ヨガをするのもいいでしょう。

まとめ

魂が自分からずれてしまっている人におすすめ。みぞおちの中心に両手を重ねて、深呼吸しながらリラックス。自分のずれている魂の中心を、みぞおちに戻すように、カチッと中心へ。

なみなみの
ワンポイントアドバイス

寝つきが悪いときの対処法

眠れない、寝つきが悪いという人が多いのですが、地球を取り巻いてるエネルギーというのがあって、これが揺れていると落ち着かなくなってしまうことがあります。

そういうときは、寝る環境を上手に整える工夫をしてみてください。眠れないときは、シーツなどの寝具を毎日変えるといいです。面倒くさいと思うかもしれませんが、とても有効な方法です。

僕たちは寝ているときにネガティブなエネルギーを放出していて、寝具が吸ってくれているんですね。なので、ネガティブなエネルギーが閉じ込められている、その上に寝ると、寝つきが悪くなったりするんです。でも、それを変えてあげれば、そのネガティブなエネルギーも一緒にクリアリングできるので、すごく寝やすくなりますよ。手間を惜しまずにぜひやってみてください。

2回連続で不良品を買ってしまい、嫌な気分になってモヤモヤしたので〝統合〟をしたのですが、まだモヤモヤしています。これは何か意味があるのでしょうか。

ようこさん

まず、〝統合する〟というのは、自分の中にあるネガティブな気持ちやモヤモヤを手放すことです。つまり捨ててしまうのです。不良品をつかまされたという体験をすると、「何か意味があるのではないか」と意味付けしたくなるのですが、意味付けして深掘りしていくと、迷いの森の中に入り込んでしまいます。

例えば、不良品をつかまされたら「自分は今、不運の流れにいるんだな」と、まずは認めてください。そして、自分が不幸の波の上に乗っていて、隣にスムーズに進んでいく幸運の波が流れている様子をイメージし、そこにジャンプして飛び乗りましょう。そして、黄金の光輝く幸運の波を意気揚々と歩いてみるのです。

キラキラ光り輝く空間に変わっていくイメージをするだけでも、この不運の流れからまったく違う流れにシフトすることができます。

まとめ

まずは不運であることを認めた上で、幸運の波に飛び乗るイメージをしてみてください。すると、自然に流れが変わっていきます。

左足のけがには何か意味がありますか。ドアで足を挟んだり、物を落としたり、擦《す》りむいたり、ランニング中に犬のフンを踏んだり、すべて左足でした。

ねぎまるさん

左側は女性性のエネルギー、右側は男性性のエネルギーで、人間はこの男性性と女性性のエネルギーのバランスが取れている状態が望ましいんですね。

左側だけにいろんなトラブルが発生するというのは、その女性性のエネルギーに何らか問題がありますよということです。

オーラというのは卵型に全体を均一に取り巻いているのが健康な状態なので、どこかが弱いと、けがをしたり、トラブルが発生したりします。

頭をよくぶつける人っていますよね。それは頭からオーラが出ていないからなんです。似たようなことが起こっている場合は、ストレッチをしたり、整体に通ってみたりと、いろいろな方法で体のバランスを取ってみてください。そうすると、体全体のエネルギーの流れが回復し、「そういえば最近、けがをしなくなったな」と感じられると思います。

もうひとつの方法として、毎日、自分の身体が卵型のオーラにきれいに包まれているところをイメージするのもおすすめです。ねぎまるさんの場合は、いま弱っている左側のオーラをグーっと外に押し出すイメージをしてみるんです。エネルギーは意図に従って動いてくれるので、変化します。これだけでもけがが減るはずです。

まとめ

エネルギーのバランスが取れるとけがが減ります。
自分の身体が卵型のオーラに包まれていると
イメージするのも効果的です。

〝思い立ったら72時間以内に行動する〟を意識しています。今日ペンダントを買おうと思い立ったのですが、明後日の方が一粒万倍日で月徳日だから待った方がいいですか？　72時間以内の最短最速か開運日か、どちらを選ぶといいか教えてください。

にっこりっちさん

僕は、最短最速を選びます。そのとき、「今、買いたい」と思ったら、僕にとっては、今が買うときだからです。

一粒万倍日などを基準にしてもいいのですが、自分なら、思い立ったらすぐ行います。ただ、自分がそこまで待ちたい、一粒万倍日を選んだ方がいいと思ったらそうすればいいだけです。

72時間……つまり3日以内に行動するといいといつもお話ししていますが、1日目に買いたいと思っても、3日目が一粒万倍日だった場合、僕は「今」を選択しますが、一粒万倍日を選んでもよし。

ペンダントを買われるということですが、自分がいいなというものは身に着けていても気分が上がるのでよいのではないでしょうか。

まとめ

僕は買いたいと思ったそのときに買う。
でも、一粒万倍日まで待ちたいと思うなら
それも全然あり！

Q

買おうかどうしようか迷っているものがあるのですが、「3日迷うなら買った方がいい」と友達に言われました。とても高いものなので買うのに勇気がいります。並木さんはこういうとき、どうされますか。

もっちーさん

A

僕の場合は、買いたいと思っているものを自分が手にしているところをイメージしてみます。生活の中に入ってきて、それがどう展開していくかをイメージしたとき、ポジティブなビジョンがたくさん視えたら、それが高いものであっても、買ってOKというサインだととらえます。

でも買いたいと思っているのに、全然イメージがわかないとか、いい感じがしないというときは、それを持っていてもやっぱりいい流れにはつながらないので、買わない方がいいでしょう。

つまり、それを持っている自分を想像できるかということですよね。想像できないのに買っても、結局使わないままタンスの肥《こ》やしになってしまったらもったいないですよね。

3日間、時間を置くことはいいことだと思います。それでも欲しいなら、もう一度見に行ってみてください。

まとめ

買いたいと思うものを手にしている自分をイメージして、ポジティブなイメージがわけば、買うことをおすすめします。

家でテ羽化をしている真っ最中のセミを3日連続で見つけました。引っ越して9回目の夏、抜け殻を見たことはありましたが羽化の瞬間を見ることにスピリチュアル的な意味はありますか?

グリーンさん

「生まれ変わるタイミングを迎えています」という意味です。大きな変化、変容のとき。ステージ替えと言ってもいいかもしれません。大きく変化しようとしているときに、サインという形で見たりします。

グリーンさんにとって大きな変化を迎えているので、積極的に受け入れて、チャレンジしていくと道が開ける体験をしたり、新しい出会いが起きたり、新しい情報が入ってきたりするのです。

9回目の夏ということですが、9は完了の数字。ひとつのサイクルが終わりを迎えています。それは新しいサイクルが始まるということでもあります。これからが楽しみですね。まさに脱皮です。

ちなみに、数字の羅列や、数字単体に意味があることをご存知ですか？　ふと街なかで見かける数字が「555」や「777」といった数字の羅列だったりすると、それは「あなたの進んでいる道は、正しいですよ」という意味。「このまま進めばいいんだな」と自信を持っていきましょう。

まとめ

生まれ変わる変化のタイミングだととらえて、積極的にチャレンジしてみましょう。

Q

生まれつき脇腹に直径1センチの円形のアザがあります。前世での致命傷がバースマークとして現れると聞いたことがありますが、本当なのでしょうか。

ちほさん

A

生まれつきのアザを、通称バースマークと言います。これはケースバイケースですが、ちほさんの場合は、確かに過去世で脇腹を刺されていますす。細胞に記憶されていたものが再生され、アザという形で出てきているのです。

だからといって、「今世でも刺される」ということではありません。過去のトラウマや衝撃的な記憶というのは、細胞にそのまま刻まれるのです。痛みやつらさが次の人生に持ち越されると、それがアザになって出てきたり、人によってはそこが病気という形で出てきたり、いろんな形で顕在化します。だから、「本当ですか」と聞かれたら、確かにそういうケースはありますとお答えします。

バースマークは、過去世での学びを忘れないようにしようというメッセージでもあります。例えば、過去世で刺された原因が、言葉で不意に人を傷つけてしまったからだったとしましょう。その出来事から、「今度は言葉に気をつけよう」という学びがあるはずです。

「あなたが言葉に気をつけることで、今回はスムーズに乗り越えることができるんだよ」ということを身体に表して、忘れないようにさせてくれているのかもしれません。

まとめ

過去世の痛みがバースマークとして現れることは実際にあります。バースマークは、過去世での学びを忘れないようにしようというメッセージの場合もあるのです。

Q

2年前に亡くなったパートナーが
そばにいるのを感じるのですが、
私もパートナーも楽になる方法があれば教えてください。

たんぽぽさん

A

亡くなった人に対しての一番の供養は、向こうの世界でちゃんと行くべき場所に行けるようにしてあげることで、それがお互いに楽になるということです。亡くなった人が誰かを心配している状態というのは、決していい状態ではありません。

本来なら向こうの世界に集中する必要があるのに、心配でこちらに意識が向いている状態では、楽にはなりません。「私は私でちゃんとやれるから大丈夫。心配しないで、あなたはあなたの方にちゃんと意識を向けてね」と言ってあげられる強さを持つことが、一番相手のためになるのです。

誰しも、亡くなった人に会いたいと思うときがあると思います。実は、亡くなった方と僕たち生きている人間が折り合える次元というのがあります。「夢枕に立つ」という言い方をしたりしますが、それが夢を見ているときなのです。亡くなった人に会いたいと思ったときは、寝る前に「今夜、私が寝ている間に会いましょうね」と会いたい気持ちを伝えてあげてください。ただし、会えたとしても、必ずしも覚えているとは限りません。忘れてしまっていることがあるので、夢日記をつける習慣をつけて、夢を覚えていられるように訓練してみてください。そうすると、断片的かもしれませんが、出会ったときの記憶を覚えていられるようになるはずです。

まとめ

亡くなった人が行くべき場所に行かせてあげることが大事。会いたくなったときは、寝る前にその思いを伝えることで、本当に夢の中で会うことができるのです。

なみなみの ワンポイントアドバイス

亡くなった方が幸せな様子をイメージする

亡くなった方の話が出ましたが、僕たちはイメージを使って向こうの世界の方と交流することができます。

例えば、楽になってほしいとか、幸せでいてほしいとか、この地球に生きている僕たちが亡くなった方に対して何かを願うとき、その方に向けて、「この人はこうだったら楽だろうな」「こうだったら幸せだろうな」と思うことをイメージしてあげればいいのです。もし、その人がマッサージ好きなら、向こうの世界でもマッサージを受けているところをイメージしてあげます。そうすると向こうの世界で本当にそれを体験することになるのです。そんなふうにして僕たちはイメージでプレゼントを送ってあげることができます。

だから、「大丈夫かな、苦しくないかな」と心配するよりも、その人が心地よくいるところをイメージしてあげることが、その亡くなった人のバックアップになるんだということを知っておいていただけたらと思います。

Q

絵を描いていると無の境地になります。ワクワクドキドキではない、無の境地です。エネルギー的にいいことでしょうか？

かよさん

A

いいことです。無我夢中は、〝我《が》がない夢の中で、没頭している〟状態。リラックスしながら集中している状態で、なかなかできないこと。まさに瞑想状態です。我がない状態なので、意識が開いて、広がっているということです。

瞑想状態の無我夢中は、俯瞰《ふかん》も含まれています。広い視点で、すべてを包含しています。つまり、無我夢中は広がっている状態なので周りのことにも気づけるんだけど、必要なことにのみ注意が向く。かよさんの意識はそういう状態です。俯瞰しているというところに意識はいっていないけど、その視点は持っているということなのです。

意識の使い方ですが、ひとつのことに集中しながらも俯瞰の視点を持つという一見矛盾するようなこの状態は、訓練すれば体得できるようになります。

これは意識を紐解いていくと、理解できる方法です。かよさんのように、絵とか音楽とか集中できることがあるのは、その人にとって大事なことなのです。エネルギー的にもいいことです。

まとめ

無我夢中はいい状態で、なかなかできないこと。ひとつのところにいながら俯瞰の視点を持つ、一見矛盾するようなこのテクニックは、訓練したらできる。

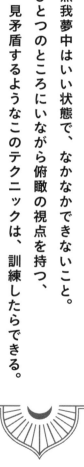

なみなみの
ワンポイントアドバイス

瞑想で
無の境地に入る

無の境地になるには、瞑想が一番いいでしょう。1日に数分でも毎日行うようにすると、体感でわかるようになります。

無の境地は、中間の意識、つまりニュートラルな意識。ポジティブでもネガティブでもなく、非常にリラックスした状態です。定期的に瞑想してみてください。同じ時間に同じ場所でやる。毎日この時間、この場所でと続けていくと、意識はそこに調整されていくため、スッと瞑想状態に深く入れるようになります。難しく考えず、ひとつのことに集中する状態なので、呼吸に意識を向け――1、2、3、4で吸って、1、2、3、4で吐いて――というように、呼吸にリズムをつけて、これだけに集中します。慣れてくると、「リラックスするとはこういうことか」と、わかってくるはず。ストレスにも強くなります。ネットにもいろいろな方法が出ているので、ピンときたものを取り入れるのもいいでしょう。

CHAPTER

04

占い・パワーストーンなどのお悩み

WORRIES ABOUT FORTUNE TELLING, POWER STONES, ETC

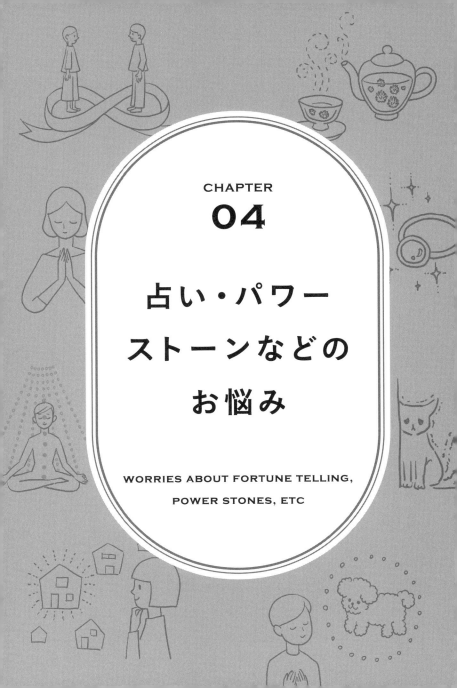

Q

移住先について2人の霊能者の方に聞いたところ、それぞれ真逆の場所を伝えてきました。家族4人の波動が合うベストな移住先を教えてください。

まゆここさん

A

悩んでいるときに、複数の霊能者に相談に行って、まったく違うことを言われるということは実際よくある話ですが、相談者にとってはすごく困りますよね。

このときに一番大事なのは、霊能者からの言葉はあくまでも参考程度にするということ。当たり前のことですが、最終的には自分たちが決めていくものなので、自分の感覚を信頼してください。

移住先の候補が2つあるならば、その2つに家族4人で行ってみて、どちらの方が好きと感じるか、どちらの方に住みたいと思うのかを、家族全員で話し合ってみてください。

住む場所を決める上でポイントは2つあります。ひとつ目は〝気に入る〟ということ。気に入るというのは、気が入るということなので、そこが自分たちの場所になるという意味になります。

もうひとつのポイントは、明るく感じるということ。たとえ雑然としていても明るく感じるところは、波動が高く、陽と陰で言うと、陽のエネルギーが満ちています。

そういう場所に住んでいると、住む人たちもエネルギーが上がり、人生のポジティブな流れにつながっていきます。

僕が伝えたいのは、まゆこさんにアドバイスした霊能者が間違っていますよということではありません。

それを聞いたときのあなたはどう感じましたか？　というところが大事なのです。なぜなら、自分の人生だから。

自分の人生は、実は自分が一番よく知っています。最高の霊能者はいつも自分自身です。だから、この最高の霊能者である自分の感覚を信頼すること。これを大事にしてください。

まとめ

移住先は家族が〝気に入る〟ところ、明るいエネルギーが満ちているところがGOOD。そして、何よりも自分の感覚を信じることが大切です。

なみなみの ワンポイントアドバイス

占いよりも 自分の感覚を信じて！

どうしても占い師や霊能者の言葉は影響力が大きく、自分の感覚よりもそちらを信頼する傾向がいまだに強いです。僕はアドバイスさせていただく側として、必ず「僕の言うことを真に受けたり、そのまま鵜呑みにするのはやめてください」とお伝えします。参考にしていただくのはまったく問題ありませんが、一番大事なのは、自分がそのアドバイスを聞いて、自分の中でどう感じるかということです。自分にとってしっくりきたり、これは何か役に立つなと感じるときは、あなたにとってそれは「真実ですよ」というサインです。でも、モヤモヤしたり、何か違うな、これはちょっとおかしいなと感じたら、それはやっぱり何かの警告なのです。何を聞いたとしても、自分のその感覚を信頼してください。

自分を信じることは、時に難しいことですが、自分を信じれば信じるほど感性が開いていきます。そして、もっと自分のことがわかるようになります。嫌だと思ったときは少し距離をとってみると、その嫌という気持ちに対しても「そういうことだったのか」とあとから気づくことがあります。主人公は自分だということを忘れないでください。

私は旅行に行く際、方位が気になってしまいます。新しい地球、これからの時代にも凶方位や吉方位は存在するのでしょうか。気にせず旅行に行きたいです。

バンビさん

方位が気になる人は多く見受けられます。今後の時代も、凶方位や吉方位は存在するかという質問ですが、九星気学をされている方は、同じく適用すると思います。ただ、僕の答えだと、地球は丸いので、東と言っても、ずっと行くと西になりますし、あまりそこに深刻になってしまうと動けなくなってしまいます。もし僕がどこかに、とても行きたいと思ったら、土地に「呼ばれている」ととらえて、方位は気にせず実際に行きます。

例えば、方位が自分の行きたい方向と合致しているときは大いに喜べばいいし、自分の人生を高めていくための、ひとつのツールとして使えばいいのではないでしょうか。

一粒万倍日を迷信だという人もいますが、それらは例えば、陰陽道などがベースになって決められていますし、エネルギー的な変化を読み取る人が、それをもとに設定しているので、ひとつの知恵として使うのもいいですよね。

もちろん気にしないというのもあり。だけど、もし一粒万倍日のこの日にやると、いろんなことが大成するし、少しの努力で実ると言うなら、その日にやってみるのものいいのでは？　反対に、仏滅とか悪い日だったらどうしよう、という場合。例えば、あなたがハワイに行きたいとします。年齢は90歳です。でも、今だと凶方位になっていて、3年後になったら吉になるから3年後に行こうとした場合、もしかしたら生きていないかもしれないじゃないですか。

大事なのは、本当にそこに行きたいと思うのかどうか。別に行っても行かなくてもいいならそれでもいいかもしれませんが、「一生に一度は行きたい！」と思っていて、凶方位だから行かないと決め、結局行けないで終わったら、死ぬに死ねないですよね。
自分の心からの願い、これを信頼するかどうかです。あなたは自分の気持ちを信頼するのか、それとも占いの方を信頼するのかどちらですか？　占いも人間が生み出したものです。他の人のことは信頼するけど、自分自身は信頼しないんですか？　という話です。参考にするのはいいけど、もっとも信頼すべきは自分自身です。そこを問うてみることです。どこまでも自己責任です。自分を信じられないのは、とても悲しいことですよね。

まとめ

吉方位を気にしすぎると動けなくなる。占いも結局は人間が生み出したもの。占いは参考程度にして、自分自身の思いをもっと信頼しよう。

なみなみの
ワンポイントアドバイス

心の声を大切に！ 失敗すら受け入れる強さが大事

人生をよりよく生きるために、僕が大切にしているものは自分の心の声です。生きるのは自分ですし、自分の人生だから。例えばそれが、誰かに言われたからとか責任の所在を外に置いてしまうと、いつも何かのせいにしてしまう。

行動した結果がネガティブなものだとしても、これはこれで自分の気づきに変えていこうという責任の持ち方が、幸せになるための大事なポイントだと思うのです。

例えば方位が気になるときに、「それよりも大事なのはあなたの本当の気持ちですよ」「心の声ですよ」というアドバイスを、いつも頭に入れておいてほしいのです。

それは、やがて愛おしく感じるはず。「やっちゃったなぁ」というのも含めて愛おしく思える。「なんであの人の言うことを聞いちゃったんだろう」という思いは恨みにつながってしまいます。もし正しくない道を選んだとしても、正しい答えにしていく強さ、これがすごく大切だと思います。

仕事場で意地悪をされたり見下されたりすることがつらくて、占い師さんに見てもらったところ、「前世であなたが人にそういうことをしていたからだ」と言われました。どうすれば前世の報いを解消できるのでしょうか。

ももこさん

まず、〝言われたことを真に受けない〟ということがとても大事です。

意地悪されたり、見下されたり、もしくは意地悪したり、見下したりというのは、大なり小なり、誰にでもあることです。みんな前世で一度はやっていますし、もしかしたら今だって気づかないでやっているかもしれない。

占い師さんに言われて、自分でも思い当たる節があるのだと思いますが、「じゃあそれは改善していこう」と行動を改めれば、それでいいんです。意地悪をするのではなく、優しくする。見下すのではなく、みんなを平等に高い視点で見ていく。雑に扱うのではなく、丁寧に扱う。この姿勢こそが、前世の報いを解消することにつながっていきます。占い師さんの言葉は、自分の行動を改めるきっかけにすればいいだけの話。自分の行動を変えると、エネルギーも変化し現実にポジティブな出来事や影響をもたらします。あまり「前世の報いが……」という見方で自分を閉じ込めないでください。

もうひとつアドバイスをするならば、意地悪されたり、見下されたりしたときに、他人に対してそういう扱いをしていないかと考えるのはもちろん大事ですが、「自分に対してはどうかな」「自分を大切にできているかな」と考えてみてください。できていなければ、自分に優しく接してあげる時間を日頃から持つことを意識してください。自分に優しくなると、「最近、周りの人が私に優しくなってきた」と気づくはずです。

なぜなら、僕たちが体験する現実は、自分の意識を反映しているから。なかなか気づけないのですが、自分への接し方が鏡のように反映されて、具現化されることがあります。

あとは、「自分が持っている性質には長所も短所もない」ということを覚えておいてください。例えば、〝頑固〟という言葉はネガティブな言い方としてとらえられますが、これは意思の強さがうまく発揮されなかったときに〝頑固〟と言われます。でも、頑固さを上手に出せるようになると、今度は〝意思の強さ〟に変わっていきます。これはコインの表と裏のようなもので、自分の性質や才能をうまく表現できたときに長所になり、上手く出せなかったときに短所になるだけです。

自分を否定せず、自分を上手に表現したり、自分に優しくすることが、周りからも優しくされるコツなのです。

まとめ

言われたことを真に受けるのではなく、自分に意識を向けて、自分を大事にしてみましょう。すると、自然と周りからも優しくされるようになります。

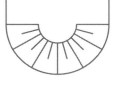

なみなみの

ワンポイントアドバイス

自分自身と良好な関係を築く

人間関係の悩みは尽きないですよね。人間関係に悩むと、「相手との関係性をどうしたらいいんだろう」と外に意識を向けがちですが、そうではなく、「まずは自分との関係を良好にしてみよう」という意識で日常を過ごしてみてください。例えば、数人でランチを食べに行くとき、自分はパスタを食べたいと思っているのに、他の人はラーメンを食べたがっているとします。このとき、「ラーメンでいいよ」と言ってしまうと、「私の気持ちはどうなるの？ 他の人の意見は聞くのに、私の意見は聞いてくれないんだ」と、自分がすねはじめて、自分のエネルギーがネガティブに傾きます。そうすると、大事なときに体調を崩したり、やることなすことが裏目に出たり、スムーズにいかなくなったりします。でも、自分との関係が良好だと、大事なときに自分自身が応えてくれるんです。自分の中から出てくるサインや思いをちゃんと満たして、自分自身と良い関係性を築いてください。

ただ気をつけてほしいのは、“自分を大事にする＝わがままに振る舞う”ではありません。自分の思いをきちんと周りの人に理解してもらうように努めることも大事です。

誕生日に悩みに悩んで
アマゾナイトの指輪を主人に買ってもらいました。
この指輪をつけるといいことがない気がします。
鉱石と自分の相性はあるのでしょうか。

あみさん

人間同士、ウマが合うというように、モノとの相性も合う・合わないは存在します。あみさんは、アマゾナイトというより、指輪の土台となる地金リングがプラスに働いていないようです。あみさんと地金リングの波動が合っていないんですね。解決方法としては、アマゾナイトの石だけリメイクして再利用されることをおすすめします。

モノとの相性についてですが、とくに中古やヴィンテージは前の持ち主の思いがこもっているので、それがポジティブな思いならラッキーアイテムとなりますが、例えば、前の持ち主が長患いをして苦しんで着けていたモノは、そこに記憶のエネルギーが宿るため、着けていても苦しくなったりいい気分になれないのです。感性が豊かな人は、その思いをキャッチしてしまうからです。なので、自分の気分が上がると思った方を身に着けるとよいでしょう。

手はセンサーといいますが、視えなくても、感じられなくても、直感的に「いいな！」と感じるか、「う〜ん」と迷うかで区別できます。この感覚を使ってみてください。

例えば、指輪だけでなく、料理も作る人の思いがこもります。イライラしながら料理を作って、このイライラのエネルギーが料理に乗ると、それを食べる人にもネガティブな影響を与えます。気づかないだけで、エネルギーはさまざまに影響しているので、買う・買わない、持つ・持たないを体感で判断しましょう。

ウキウキといい気分で買い物していたとしたら、例えば、違う地金リングの指輪を買っていたかもしれません。つまり、いい気分のときに買い物をするのが大事。むしゃくしゃしながら買い物をすると引き合うものがマイナスになってしまうので気をつけましょう。

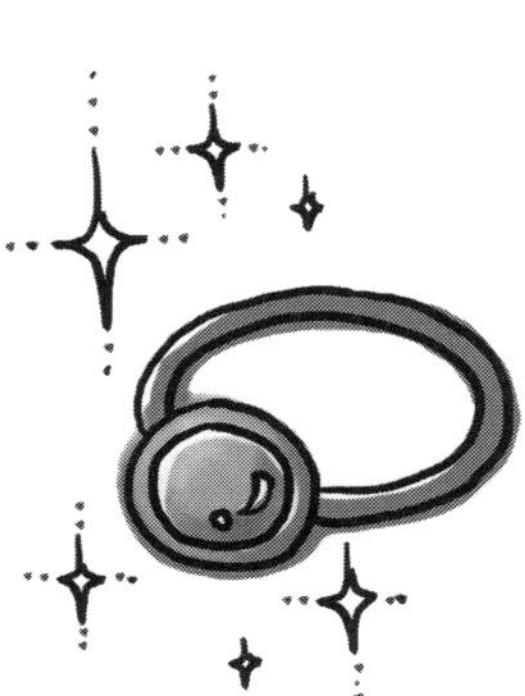

まとめ

人間同様、モノとの相性はあります。ヴィンテージや中古のものは前の持ち主の思いがこもっている場合がある。モノを購入するときはいい気分で買いましょう。

なみなみの

ワンポイントアドバイス

相性が合うモノを
見分ける呼吸法

相性が合うものの、簡単な見分け方があります。誰でもできる、呼吸を使う方法です。AとBという２つのモノがあった場合、どちらが相性がいいかわからず悩んだら、まずAのモノを手にとって、身に着けて、深呼吸します。この感覚をまず覚えておきましょう。そしてBのモノを着けたときに、もう一度深呼吸しましょう。

どちらの呼吸が深かったのか、それを振り返ってみて、見分けることができます。相性が良い方は、呼吸が深くできます。そうでないものに対しては、抵抗が起きるため、呼吸しづらいのです。

あなたの魂が教えてくれているのです。呼吸を通して、どちらが合うかをチェックするこの方法をぜひ、取り入れてみてください。

今年と来年、私は天中殺になります。夫は厄年です。今年は本当にありえないような危機が立て続けに起こりましたが、やはり天中殺や厄年の影響でしょうか。

レモンさん

天中殺や厄年といった年は確かに、注意力が散漫になりやすいです。ですが、注意深くすれば、それでいいのです。

本厄だから動かない方がいいかと聞かれたら、僕は別にそんな必要はないと思っています。僕も周りから「先生、来年から天中殺に入られますのでおとなしくされておいた方がよろしいですよ」とアドバイスをいただいたりしますが、僕は自分の感覚を信頼しているので、そのときに動いた方がいいと感じたら動きます。でも結局それですごくいい年になりました。

厄年なんてないですよとは言いませんが、いつも以上に注意深くあろうとする、そういう心がけができていれば、それでいいのです。

厄年というのは災厄の「厄」ではなく、お役目の「役」とよく言いますよね。だから僕は反対に、このときに「自分がやりたいと思うことをどんどんやりなさい」と言うんです。自分のためにいろいろやるのももちろんいいですし、お役目なので、自分だけではなくて周りに対する奉仕など、周りに対して大きな影響を与える部分もあり、そういうものは天からすごく応援されるんですよね。

レモンさんは、あり得ないような危機が立て続けに起きたとおっしゃっていましたが、でも今こうやって話せているということは、それがいま経過中だったとしても、ちゃんと乗り越えられているということなんです。危機を経験したことで、人間的にも大きく成長できたんだなと、ポジティブに考えていくことがとても大事だと思います。

まとめ

厄年はいつも以上に注意深くあろうとするだけで十分。
厄年こそ躊躇《ちゅうちょ》せず、
自分がやりたいことをやってみてください。

なみなみの
ワンポイントアドバイス

人生は自分が主人公。
どうしたいかは自分で決める

僕たちが生きている時間は限られています。僕はその限られた時間の中で、いかに自分の可能性を表現していくかが大事だと思っています。

「厄年だから3年間は動かない方がいいですよ」と言われたとします。それまでにお店を出そうと一生懸命努力して準備をして、さあいよいよ出そうと思ったときに「3年は出さない方がいい」と言われたから、「3年後に出す」と決めたとしますよね。でも、その人に3年後はないかもしれないんです。その間に亡くなってしまうかもしれない。お店を出すぞと思って夢を持って努力してきたのに、厄年だからといってお店を出すことすらできなかったら、死ぬに死にきれないでしょう。

自分の人生は自分が主人公なのです。自分がどうしたいかは自分で決める。周りに決めてもらうものでも、運命に決められるものでもありません。そういう意識で生きられる人は、たとえ何かあったとしてもそれを超えていくことができる人なんです。ぜひ積極的に人生を楽しんでください。

占いが好きで自分で見たり、見てもらったりしていますが、その情報があまりにも染み込み過ぎてしまったので、リセットしたいと思っています。良い方法があったら教えてください。

すぴっちさん

占いが好きな人は、いろんな占いを試したり、占い師さんのところを渡り歩いたりするので、自分がわからなくなってくることがあります。自分で「これはいいな」と思ったときに取り入れるのは全然いいですが、聞きすぎてしまうことによって弊害が出ることもあるので、すぴっちさんの場合は、自分軸に立ち返っていくために、常に「私はどう思うのか、私はどう感じるのか」ということに意識を向けてみてください。

そうすると、「自分の中で感じていることはこれだ」と、ちゃんととらえることができるようになるので、それを基に自分を信頼して動いていけばいいのです。

いろんな鑑定結果があまりにも染み込み過ぎているということは、「こうしなさい」と言われたことを覚えているということですよね。もちろんそれが、確実に今の自分にとってその通りだとしっくりくればいいですが、人は成長していくので、今の私にはちょっと違うかも……と違和感を感じることが絶対に出てきます。違和感を感じたら、思い切って自分を信頼してあげてください。

「最初聞いたときは違和感なんかなかったのに」と思うのは、自分が変わってきているからなんです。自分が変わったことで、鑑定結果だって変わっているかもしれないいんだと思って、自分の違和感をちゃんと大切にして、それに一致させていく。これはちょっと訓練が必要ですが、時間をかけてやってみてほしいなと思います。

占いにせよ何にせよ、一番大事なポイントは、宇宙の法則の中でも〝与えた意味を体験する〟というものです。なので、仮に占いで最悪な結果が出たとして、それを信じてしまうと、本当に最悪の結果を招くことになります。逆に、最悪の結果だったけど、これは幸運の前触れなんだと意味付けすると、それが幸運を受け取るという流れを作り出し、本当に幸運を受け取ることになります。結局、人生は自分次第なんだということに気づいてほしいのです。

だからどんなものを見ても聞いても、あなたが好きなように意味付けしてください。あなたがこうだったら最高、こうだったら一番ワクワクするという意味付けをするんです。そしたらあなたは、そこから最高の結果を受け取ることになりますし、ワクワクする結果を受け取ることができます。

あなたに力があるのです。占いに力があるのではありません。なので、自分にしっかりと力を取り戻して、今日も素敵な一日を過ごしてください。

まとめ

自分軸を取り戻すことが大事。占いでどんな結果が出ても、自分が好きなように意味付けしてください。力を持っているのはあなた自身です。

CHAPTER

05

夢のお悩み

TROUBLES IN DREAMS

亡くなった母が夢に出てきたので、国際結婚したことを報告したところ、「その人はダメ」「残念だけど嫌」と言われ、途中で夢から覚めてしまいました。夢に出てきた人は本当に母だったのでしょうか。

ゆうこさん

夢に出てきていたのはお母様です。ただ、この「ダメ」という言葉や、「残念だけど嫌」という言葉だけを聞くと、まるでその結婚を反対しているかのように聞こえてしまいますが、実はそうではありません。夢は断片的な記憶しか覚えていなかったりしますよね。ゆうこさんの場合は、「ダメ」という、少し強烈に感じる言葉を覚えていただけです。

結婚はコミュニケーションが大事です。日本人同士でもコミュニケーションは難しいですが、国際結婚になると、そこに言葉の壁や考え方の壁、習慣の壁が入ってくるので、より難しさは増すわけです。そういう意味でお母様は、「うまくいかないことがあっても決して諦めてはダメよ」と言っていたのです。

そして、「残念だけど」という言葉は、このお母様が生きていらっしゃるときにその結婚を見届けてあげられなかったことに対する気持ちだと僕には伝わってきます。

ゆうこさんが夢の断片を自分なりにつなぎ合わせて理解してしまっている状態ですが、決して悪いメッセージではなく、お母様は応援していらっしゃるのです。

夫婦円満のアドバイスをするとしたら、通常よりもコミュニケーションをしっかり取ってみてください。当たり前のことを当たり前にやっていく、これが大事です。

まとめ

夢の断片を勝手につなぎ合わせているだけで、お母様はあなたの幸せを祈ってくれているので、安心してください。

夢の中で侍のような姿の人に、とある神社に行けと言われました。実在している神社でしたが、家から数百㎞離れていました。この神社に行った方がいいのでしょうか。

へむへむさん

行ってください。そこに行かないと、わからないことがあるからです。本当にメッセージを受け取って、行く必要がある場合は、必ず行けるようになるはず。まずは、そこに行くと決めることが大事です。夢に出てきた侍は、へむへむさんのガイドにあたります。

過去世は、生まれ変わりのシステムという話をよくさせていただきますが、その過去世でお世話になっていた人。その時代、へむへむさんは、男性として生きていて、そのときにお世話になった方でしょう。

夢を見ているときの意識は、向こう側の世界とコンタクトしやすい状態です。夢枕に立つというのも同じこと。こうした夢を見たり、繰り返し同じ夢を見たら、夢日記をつけるのがおすすめです。夢を活用しないなんてもったいないです。

そうやってメッセージを受け取って、実在していたところに実際に行ってみたら、どんなことを感じるのでしょう。そこに行って確かめてみるのです。冒険みたいで、ワクワクしませんか？

まとめ

そこに行かないと、わからないことがあるので、ぜひ行ってみましょう。メッセージを受け取って、行く必要がある場合、必ず行けるようになるはず。「行く」と決めることが大切。

なみなみの

ワンポイントアドバイス

直感に従って
行動してみよう！

直感力を鍛えたい場合、やってきたメッセージに行動を一致させていくのは大事なこと。ひらめきで「やってみるといいかも」と思っても、結局やらないと、行動が一致しないということになり、情報が受け取れなくなります。つまり、直感的なエネルギーとのつながりが遮断されていくのです。

「やってみよう」と行動すると、直感がさらに情報を出してくれます。直感力を高めたいと思ったらチャレンジしてみること。直感はその人にとって本当に必要なことへと導くために情報を出してくるのです。

なので、もし一見ネガティブと感じる体験をしたとしても、その経験は、自分の魂の、本当の幸せにつながることですから、「ここで何を学ぶべきだったのか」とかえりみていくことが大切。直感のファーストインプレッションを信じましょう。“エゴ”の損得勘定に基づくメッセージに従うと、直感は決して鍛えられないのです。

Q

先日、夜中に突然、金縛りのようなものにあい、電子音みたいな音と、何か声が聞こえてきて、とても怖い思いをしました。これは何か悪い知らせなのでしょうか。

きよみさん

A

これは金縛りですね。別に金縛りは怖いものではありません。「首を絞めてきたんです」と言う方もいますが、それで死んだりはしません。

金縛りは、自分のオーラがバランスを崩しているときに起きます。オーラがバランスを崩すということは、きよみさんも何らかの形でバランスを崩しているのです。丸くきれいな卵形のオーラから1カ所、エネルギーが飛び出しているところを霊がギュッとつかむわけです。エネルギーを霊につかまれてズボっと抜かれることで、動けなくなる。これが金縛りのシステムです。このとき霊たちはいろんなことを言ってきます。きよみさんは、今はこの言葉がわからない状態ですが、耳が慣れてきて感度が上がってくると、何を言っているのかわかってくるようになります。

僕が最初に金縛りにあったとき、20人ぐらいが僕の周りをずらっと囲んで、みんな自分が言いたいことを伝えてきました。全員が同時に話してくるので、何を言っているのか全然わからず、テープレコーダーがキュルキュルと回っているような感じでした。でも、だんだん何を言っているかが明確にわかるようになってきたんです。

きよみさんの場合は、霊たちの言葉を理解しようとするよりも、まず、自分がバランスを崩しているときなので、自分のバランスを取ることに意識を向けてみてください。リラックスすることに努めてみたり、マッサージを受けてみたり、感情的にも肉体的にもバランスを取っていくことが大切です。何か悪い知らせがあるというわけではないので、安心してください。

別に金縛りになったからといって、必ずしも憑依されてしまうわけではありません。グッとつかまれる瞬間は、たぶん「金縛りになりそうな気がする」となんとなくわかるはずです。このときにびっくりして息を吸ってしまうと、呼吸と一緒に霊を自分の中に取り込んでしまうことがあります。体の中に入ってしまうと厄介なので、おかしいと思った瞬間にグッと息を止めて、お尻を締め、下腹に思いっきり力を入れて、息を全部吐き出すんです。そうすると金縛りが解けます。

でも、そんな余裕がなくて金縛りにかかってしまったときは、落ち着いて「あなたと私はまったく関係ないので、私のところではなく、わかる人のところに行ってくださ い。私には何もできません」ときっぱり断りましょう。声は出ないと思うので、テレパシーで伝えてください。

まとめ

金縛りにかかるときは自分がバランスを崩しているときなので、感情的にも肉体的にもしっかりとバランスを取れるようリラックスすることが大事。

Q

最近、やたら髪の毛や歯が抜ける夢を見るのですが、何かの予知夢だったりしますか？

けんけんさん

A

実は変わり目を迎えているときに、こういった夢を見ることが多いといえます。脱皮していくとき、つまり自分の殻を破ってブレークスルーしていく。大きなターニングポイントを迎えているときです。生まれ変わるという意味の良い兆候です。

このような夢を見るときは、とにかく変化のときです。最終的に良い変化につながるとはいえ、変化のときというのは、思いがけない形で変化を体験することもあります。体調の変化もそのひとつです。

だから、今ちゃんと「食生活を見直していく」とか、「ライフスタイルを見直していく」というふうに、自分自身の生活をきちんと整えていく。そうすると、「無難に過ごせていきますよ」という、ご先祖様からのサインだったりする場合もあるのです。

まとめ

ターニングポイントを迎えている変化の時期。食生活などのライフスタイルを見直して整えていきましょう。

なみなみの
ワンポイントアドバイス

夢日記をつけることを習慣にしてみて

夢にはたくさんの情報が含まれています。だから、夢を覚えていられるように、夢日記をつけてみてください。そんなに詳細に書かなくても大丈夫です。夢の中で誰が出てきたとか、こんな感情を感じる夢だったとか、こんな色が印象的だったとか、そういうことを書き留めるようにすると、不思議と夢の情報をたくさん覚えていられるようになります。

それを書き留めながら日常を過ごしていると、「あれ、これ夢に出てきたのと同じだ」とか、夢が今の自分にいろんなメッセージを送ってくれているんだなということに気づけるようになります。

なので、夢日記を書く習慣をつけて、ぜひ夢を現実に役立てていただけたらと思います。書いていてつらいなと感じるときは書くのを止めていいので、無理せずにやってみてください。

CHAPTER

06

不思議体験のお悩み

TROUBLES IN MYSTERIOUS EXPERIENCES

Q

人の魂は亡くなった後、霊界へ行くと聞きますが、死後どれくらいの間、現世にいるのでしょうか。魂が無事に霊界へ着くために、こちらに気をかけさせない方がいい期間はありますか。

ひかりさん

A

よく49日で上がると言われますが、確かにちょうどその頃を境に上がっていく人が多いですね。でも、どのくらい現世にいるかは、人によってまちまちです。何百年という単位でこの地上にとどまっている意識もありますから。

でも、成仏したからといって、もう会えないということではありません。向こうからこちらに訪れることもよくあるので、実は永遠の別れではないんですね。もちろん肉眼で見ることはできませんが、会いたいと思ったら、スッとそばに寄ってきてくれるほど軽やかに、僕たちは亡くなった人と交流ができるので、話しかけてもＯＫです。

ただ、亡くなって間もないときに「どうして私を置いて行っちゃったの」「なんで死んじゃったの」と思いを向けすぎてしまうと、本当は霊界へと意識を向ける必要があるのに、現世の方に意識が残ってしまいやすくなります。

だからといって、泣くなとは言いません。大切な人が亡くなることはとても悲しいことですから。もちろん、簡単なことではありませんが、例えば〝3日間は泣きに泣く〟と決めたら、それ以降は「もう私たちは大丈夫だから、しっかりそっちに意識を向けて、光の方に進んでいってね」と話しかけてあげることが一番のご供養になるのです。

まとめ

死後、現世にいる期間はその人次第。亡くなった人も死後すぐは戸惑っているので、あまり悲しみすぎず、「私たちは大丈夫」と送ってあげましょう。

電車から降りるときに片足を踏まれ、靴が脱げてしまい、脱げた靴は、結局見つからず、片方裸足のまま帰りました。靴を買い替えたいと思っていたので、タイミング的には良かったのですが、これは何か意味があるのでしょうか。

りんこさん

けがをしたり、トラブルに見舞われるときは、「一度立ち止まって、ひと呼吸おいてね」というメッセージが含まれていることがあります。

例えば、危うく車にひかれそうになったときに、「ひかれなくてよかった」で終わらせるのではなく、「何か自分の中で気が散漫になっていることがあるかもしれない」と自分にきちんと向き合って、「何を変える必要があるのかな。何に気をつける必要があるのかな」と考えてみることが大切です。

そうすると、急に思ってもみなかったことを思いついたりします。「なんだか家の掃除が気になるな」と思って家の掃除をしてみると、「こんなところにあったの!?」と探していたものが急に見つかったりします。感じたことを行動に移すことで、発見や広がりが出てくるのです。

りんこさんの場合、足を踏まれて靴が脱げているということは、足止めされているということです。だから、「このまま進めて本当に大丈夫かな」と感じながらやっていることはないかなと、今自分が進めているものの方向性を見直してみたり、自分に向き合ってみることをおすすめします。

まとめ

靴が脱げるのは足止めされているサイン。
いま自分が進めている物事に対して
向き合ってみるといいでしょう。

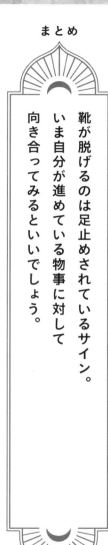

以前、街を歩いているときに、十数メートル先を横切る男性を見た瞬間、なぜか涙が止まらなくなりました。これは何か意味があるのでしょうか。

まなみさん

これは意味があります。人間は誰もがいろんな悩みを抱えていますよね。表面上では笑っていても、心の中では泣いているときがあるように、表面を見ているだけでは人の感情はわからないことがよくあります。

このときのまなみさんは、その男性が持っていた、泣きたいほどの悲しみや苦しみを感じ取り、それに反応して涙が止まらなくなったのです。これを〝感応〟と言います。

実はこれは誰にでも起こりうることです。特に日本人は〝雰囲気〟という言葉を使うように、目に見えないものを感じ取る感性が優れている民族なので、見えないエネルギーを感じられる人が多いのです。

周波数やチャンネルという言い方がありますが、それがカチッと合うと、その人の思いを感じ取ることができたり、考えていることを読み取ることができたりします。これは誰もができることです。

直感力や第六感を鍛えることに意識を向けていくとその能力が底上げされて、より深く感じられるようになります。直感力を鍛えるためには、普段から何でも直感でとらえる練習をしてみてください。

「これから行くお店は混んでいるかな」とか、満員電車で「どの席が一番に空くかな」とか、どんなことでも構いません。それが外れたとしても、「私は今練習中だから」と落ち込む必要はありません。

意識するだけでも直感力は磨かれていくので、チャレンジしてみたいと思う方はぜひ普段の生活に取り入れてみてください。

まとめ

〝感応〟は誰にでも起こり得ること。直感力を鍛えることで、他人の思いや考えが読み取れるようになります。

なみなみの
ワンポイントアドバイス

エネルギーを意識的に前に向けると前向きになれる

最近よく、「どうしたら前向きになれますか」という質問をいただくことが多いのですが、“前向き＝気が前に行く”ことなので、前向きになりたいと思ったら、自分のエネルギーを意識的に前の方に向けてください。これだけで、本当に前向きになります。

実際にエネルギーを見てみても、前向きな人のエネルギーは、前にせり出しています。反対に、引っ込み思案になったり、気弱になったりしているときは、エネルギーが後ろの方に傾いて見えます。

だから、不安や心配事があっても、「何とかなる」「大丈夫」と思って、エネルギーがグーンと前にせり出している様子をイメージするだけで、前に進めるようになります。

先日、眠りかけていたときに、頭の中でパカッと卵が割れたような音が2回しました。それ以来、寝ても寝ても眠たい状態が続いています。頭の中の音は何かの合図ですか。眠気と何か関係があるのでしょうか。教えてください。

みっちーさん

みっちーさんの場合、卵が割れたような音と眠気は非常に関係があります。僕たちは人間として生まれてから死ぬまでの間に、いろいろなことを学びながら成長していきますが、みっちーさんの卵が割れた音は、実際にみっちーさんの古い殻が破れた音で、ちょうど成長段階の変わり目に来ていたというサインです。

そして、変化するタイミングは新しいエネルギーが満ちはじめるので、新しいエネルギーがなじんでいくまでに時間がかかります。このなじんでいく過程で非常に眠くなることがあるのです。寝ている時間というのは、新しいエネルギーを自分に取り込んだり、なじませたりするのに最適な時間帯なのです。

みっちーさんは気づいていると思いますが、人生の流れが変わりはじめているはずです。人によっては、人生が変わるタイミングで物忘れが激しくなったり、記憶が抜けたりすることもあります。これは病気ではありません。

人生のステージが大きく変わろうとするとき、その人のエネルギーがガラガラと音を立てて崩れて新しいものに生まれ変わろうとするプロセスに入っているので、それ以前のことは忘れてしまうんですね。

また、変化の流れにあるときは、人間関係が大きく変わることもあります。「こんな人に出会ってみたかった！」という人に出会うことができたり、ポジティブな変化を体感することになります。

反対に、悪い方向に変わることもあります。今までの良い関係性が切れてしまったり、「最近、変な人にしか出会わないな……」というときは、そのままいくとネガティブな流れへと突入していくので、「気をつけなさい」というサインだと思って、一度自分を振り返ってみるといいでしょう。

何か不義理を働いていないか、やった方がいいと思っているのに、やらずにグズグズしていることはないか。思い返しながら自分をクリアにしていくことで、いい流れを引き寄せることができます。

まとめ

卵が割れた音は、自分の古い殻が破れた音です。人生のステージが大きく変わろうとしているので、その変化を楽しんでください。

1111や2222などエンジェルナンバーをよく目にします。「スタートを切りなさい」というメッセージだと思いながらも、何をスタートさせればよいのかわからず、悩んでいます。

ゆのゆのさん

エンジェルナンバーを見るときは、基本的に「自分が進んでいる道は間違っていないから、そのまま自信を持って進んでいきなさい」というメッセージが含まれています。なので、エンジェルナンバーを見たからといって、絶対に何か新たなスタートを切らないといけないというわけではありません。

でも、数字をきっかけに「今までやりたいと思いながらも先延ばしにしていることはないかな」「諦めてしまっていることはないかな」と自分に向き合うことはとてもいいことなので、思い当たることを書き出してみてください。今のあなたがやりたいと感じることで構いません。「社会に貢献できることの方がいいかな」とか「仕事の役に立つかな」とかではなく、趣味程度で構いません。とにかくやりたいと思ったことをやってみてください。

「数字はメッセージを送ってくれる媒体なんだ」ということがわかれば、この数字を通していろんなメッセージを受け取るようになります。

ちなみに、一般的に4という数字は「死につながるから」と嫌われることが多いですが、実は444という数字は天使的存在の守りのエネルギーで、「守られているから安心しなさい」というメッセージなので、心配しなくても大丈夫ですよ。

まとめ

先延ばしにしていることや諦めてしまったことを思い返してやりたいと思ったことを、とにかくやってみましょう。

なみなみの ワンポイントアドバイス

数字を意識して味方につけましょう

数字はものすごいパワーを秘めています。「ラッキーセブンがいい」とか「自分のラッキーナンバーはこれ」と、特定の数字を選んだりすることもあると思いますが、数字はげん担ぎだけでなく、実際にエネルギーを持っているので、ぜひ自分が惹かれる数字を味方につけるというつもりで使ってみてください。

例えば、“8” が好きだとしたら、8の数字が入ったキーホルダーを身に着けたり、8番のロッカーを選んだり、頻繁にその数字を目にしたり、使ったりすることで、8という数字のエネルギーを自分に引き付けることができます。ちなみに、8は豊かさのエネルギーです。だから、8を多用することで、豊かさの意識が育っていくのです。

豊かさの意識が育っていくと、あらゆる面で豊かさを引き寄せることにつながっていきます。豊かさもお金だけでなく、人間関係や健康、チャンスなどいろいろあるので、いろんな意味で豊かになれるよう、数字を味方にするということを意識的にしてみてください。

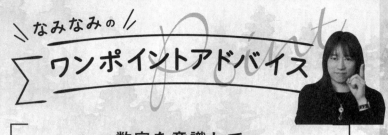

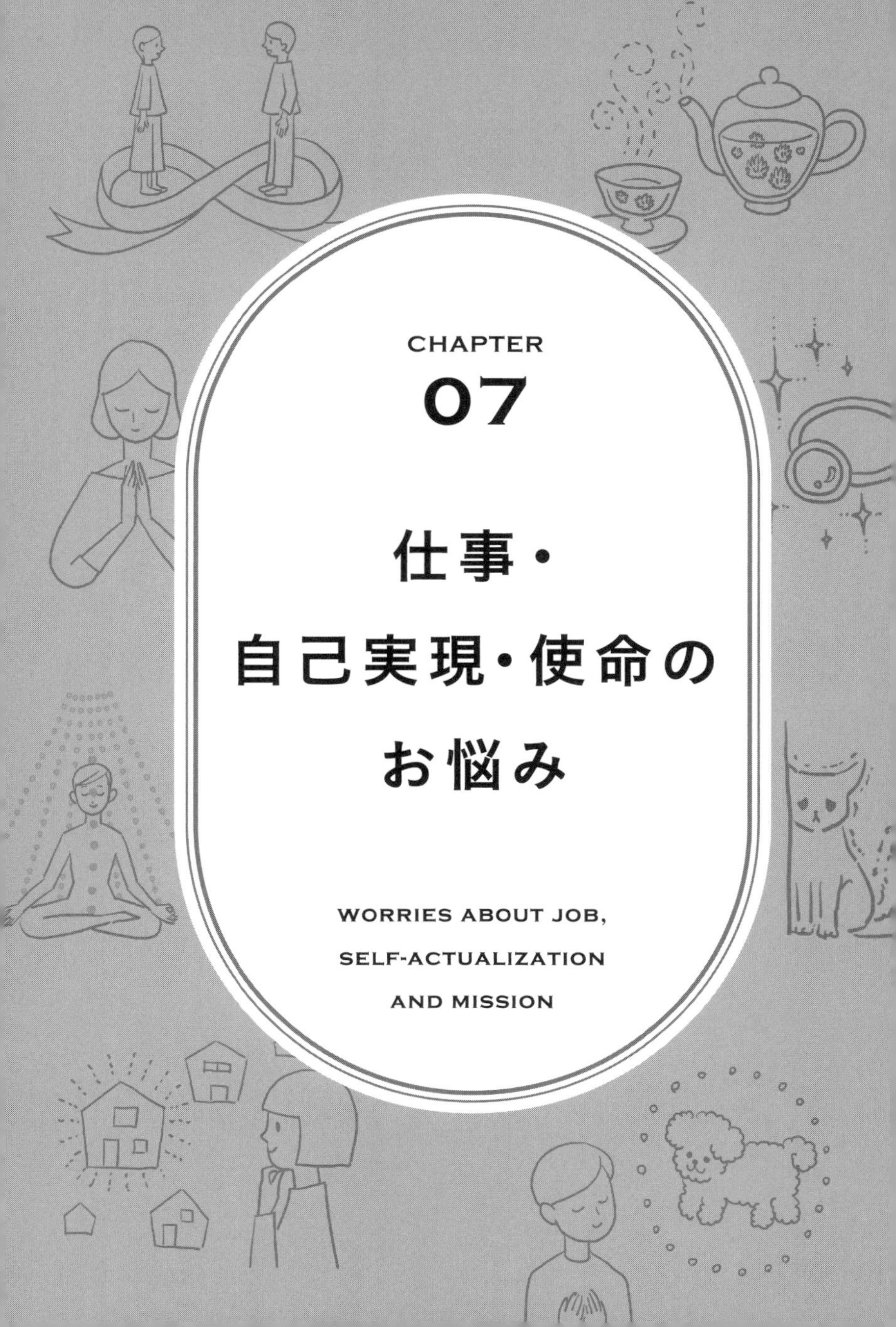

CHAPTER

07

仕事・自己実現・使命のお悩み

WORRIES ABOUT JOB,
SELF-ACTUALIZATION
AND MISSION

40歳を過ぎて子どもと関わる仕事がしたくなり、保育科のある短大に通いはじめましたが、「これは自分の使命に沿っているのだろうか」とふと気になりました。自分の使命を知る方法はありますか。

りかさん

「私の使命は何でしょうか」と聞かれることが最近は特によくあります。そして、使命を〝すべきこと〟ととらえたり、何かすごい壮大なものだと勘違いしている人も多いのですが、使命というのは、一言で言うと〝自分のやりたいこと〟なのです。

だから、本当にそれがやりたいことなら、使命かどうかを考えるよりも、「これが使命なんだ」ととらえてください。

使命は〝命を使う〟と書きますよね。命を削ってもやりたいと思えることなら、それは確実に使命です。「人の役に立たなきゃいけない」とか、何か条件があるわけではありません。

40歳を過ぎてから大学に通いたいと思っても、なかなか行動に移せる人は少ないでしょう。でもそれを実際に行動に移せるぐらい、りかさんは情熱を持っている。これこそがまさに使命なのです。

まとめ

命を削ってでも情熱を持ってやりたいと思うこと。それこそが、あなたの〝使命〟なのです。

仕事での人間関係が大変なので、独立して自由に生きたいのですが、現実はなかなか変わりません。どうすればいいでしょうか。

わださん

「こうなりたい」と頭で考えるだけではなく、一回アウトプットすることが大事なので、紙に書き出してみてください。書き出すだけでも流れが変わります。

そのときに、必ず〝いつまでに〟という期限も書いてください。脳は期限を切らないと動きません。「いつでもいい」とか「いつか自分のタイミングで」と言う人もいますが、これでは脳は動かないのです。

また、独立したいのであれば、ロールモデルになる人や目標にする人の写真を貼ってみたり、可能であれば実際にその人に会いに行ってみたりすることで、目標に近づけます。

これは夢ではなく計画です。夢になってしまうといつまで経っても実現しません。実現するのは夢ではなく、計画なのです。

まとめ

紙に書き出してください。そのときに「いつまでに」と期限を決める。実現するのは「夢」ではなく、「計画」です。

なみなみの

ワンポイントアドバイス

手浴・足浴で
ネガティブエネルギーを外す

人から何か嫌なことを言われたり、何となく今日はついてなかったなと思ったときは、手浴や足浴をしてみてください。ネガティブなエネルギーが一番溜まる場所が手と足なのです。お湯に少し粗塩を入れて、その中に手や足をつけるのがおすすめです。お酒（清酒）を入れてもいいでしょう。

これだけでスーッとネガティブなエネルギーが外れ、いい気分で一日を終えることができます。そうすると、次の日もいい気分で一日をスタートさせることができるんです。「お風呂に入れなかった」というときでも、手浴や足浴だけはやってみるといいですよ。

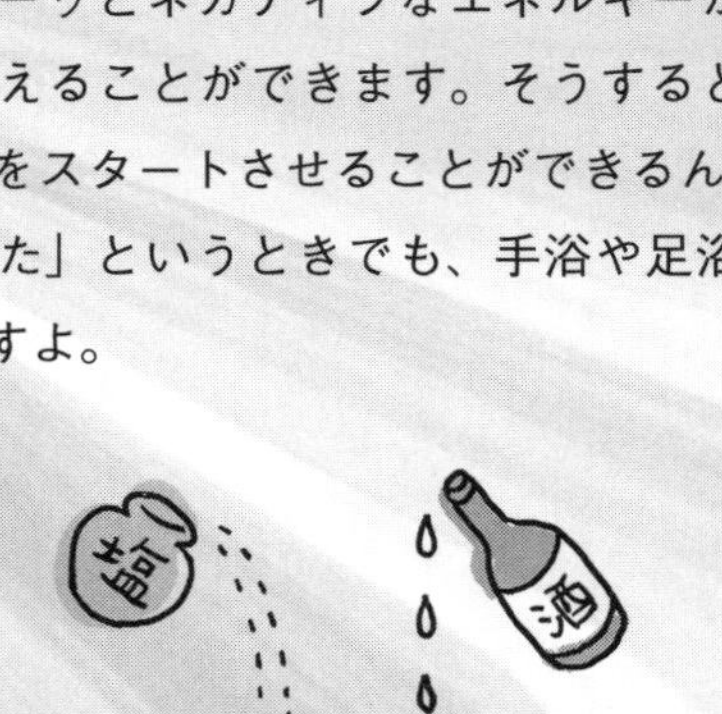

Q

自己肯定感を上げるためには自分を大切にすることが大事だと言いますが、自分を大切にすることとわがままの境界がわかりません。その違いを教えてください。

さつきさん

A

自分を大切にするということは、自分の心を含めて大切にするということですよね。誰でも自分の心を大切にしたいと思うはずです。だからこそ、なぜ自分はそう思っているのか、どうしてこれをやりたいと思っているのか、なぜこれが必要だと感じているのか、誠意を持って自分の気持ちを相手に説明することができれば、それはわがままではありません。

「あなたには関係ないでしょ。私がやりたいんだから放っておいて」と相手に説明もなく行動する人は、わがままです。みんなそれぞれ自分の思いを大切にしてもらいたいという気持ちがあるわけですから、説明を惜しまないということがとても大事だといえるでしょう。

そして、自分を理解してほしいと思うのであれば、まずは相手の気持ちを理解しようとしてください。「この気持ちをわかって！」と一方的にぶつけられても、相手だってあなたにわかってほしいことがあるのです。

だから、相手の気持ちも理解しようという意識でいると、自分の気持ちも理解してもらいやすくなります。自分を尊重してほしいのであれば、相手のことも尊重しましょう。

それでも相手に理解してもらえないときはあります。そういうときは、静かにその場を離れるのもひとつの方法です。そこで言い合いになる人もいますが、喧嘩をして相手に理解させようとする必要はありません。

また、「私は伝え下手なんです」という人がいますが、そういう人は「私は伝えるのがあまり上手ではないので、誤解を与えてしまうこともあるかもしれませんが……」と最初に断っておくのもいいかもしれません。それをわかってもらった上で話すと、緊張が解けて話しやすくなることもあるからです。

まとめ

自分の気持ちを相手に誠意を持って伝えることと、相手の気持ちを理解しようとする姿勢があれば、それはわがままにはなりません。

なみなみの ワンポイントアドバイス

自分の思いを表現することに集中する

他人の意見や自分に対する思いが気になって、なかなか自分の意見を発言できないという人って意外と多いですよね。でも、考えてみてください。あなたも他人のことを好き勝手に、ああでもない、こうでもないと考えていますよね。それと同じで、相手もあなたのことを、ああでもない、こうでもないと考えています。相手にいい人だと思われたくて、どんなに上手に取り繕ってアピールしても、相手はあなたのことをいい人だと思わないかもしれません。

結局、その人があなたのことをどう思うかは、あなたにはコントールできないのです。自分ではどうしようもないことに意識を向けるのではなく、どうすれば自分の思いをちゃんと表現できるのかに集中するべきです。そうすると、他人のことはだんだん気にならなくなります。さらに、自分に集中してコミュニケーションスキルを洗練させていくことで、他人に伝わりやすい環境が出来上がっていくのです。

Q

今度50歳の誕生日を迎えます。
半世紀を生きた節目の年になりますが、
誕生日当日にやっておいた方がいいことはありますか。

ゆきさん

A

誕生日は、自分というかけがえのない存在がこの世に生まれた日なので、誰にとっても特別で大事な日ですよね。だから、ぜひ自分にスペシャルなことを与えてあげてください。普段行かないようなスパに行くでも、なんでも構いません。

そして、誕生日は、再び生まれる〝再生〟のタイミングでもあるので、生まれ変わったつもりで、「私が今生まれ変わったら、どんな自分になりたいかな」「どんな人生をここから始めたいかな」と自分を内観してみてください。

これからの方向性を明確にして、紙に書き出してみましょう。スペシャルな日なので、遠慮しないで、たくさん書いてもいいですよ。そして、一番最後に「以上のことが、最善、最高の形で叶《かな》いました」と書いて封筒に入れ、いつも自分が目につくところに置いておきます。封筒を見るたびに、そこに書いてある自分の願望にエネルギーが注ぎ込まれ、どんどんエネルギーが溜まると、実現する可能性が高まっていきます。

ここで注意することは、封筒に入れるということです。見えるところに願いをそのまま貼っておくと、見るたびにその内容が目に入りますよね。すると、「何が何でも実現させないと！」と、今度は執着に変わってしまうのです。願望を実現するときに一番妨げになるのはこの〝執着〟です。エネルギー的に見ると、執着すればするほど、望むものを遠ざけてしまうことになります。それを防ぐためにも、ぜひ封筒に入れてみてください。半年後や一年後のお誕生日に見てみると、すでに願いが叶っていて驚くかもしれません。

もし、願いを追加したいときは、新月の日に足してみるといいでしょう。月の満ち欠けの中では、新月から満月にかけてどんどんエネルギーが満ちていくので、それに合わせて、新月の日にかけた願いのエネルギーもどんどん大きくなっていくのです。

願いは、どんな願いでも構いません。「宝くじに当たりたい」でもいいです。こういう願いはダメという決まりはありませんが、ひとつだけ、誰かを陥れたり、誰かを傷つけたり、誰かのものを奪ったりするような願いはしないでください。なぜなら、宇宙には〝与えたものを受け取る〟という法則があるので、あなたがネガティブなエネルギーを発信すれば、それは必ず自分で受け取らなければならなくなります。因果応報ですね。それだけは覚えておいてください。

まとめ

誕生日に願いを紙に書いて封筒に入れ、目につくところに置いてみてください。しばらくすると、その願いが叶っていることに驚くでしょう。

接客業をしています。お客さまのことを臭いと思ってしまったとき、自分の範疇《はんちゅう》でどうにもできない場合は、どのように対処すればいいですか？

沖縄さん

これは、実際のにおいなのか、霊的なにおいなのかで異なります。オーラがにおうというのがあります。例えば、動物に憑依されていると、獣のにおいや動物園のにおいがすることがあります。

霊的なにおいだとして、実際のその人の体臭と違う場合、マゼンタピンクの光で包むイメージをすると、においを軽減できます。

実際の体臭の場合、漂ってくるにおいを一回臭いと思ってしまうと、そこにチャンネルを合わせてしまって、においばかりに集中してしまいます。

洋服や他のことにフォーカスして、違う箇所に意識を向けると感覚が変化します。その人のヘアスタイルや着ているものなどにフォーカスするのです。

意識の焦点を外すと体感が変わります。接客業なので難しいかもしれませんが、ぜひ取り入れてみてください。

まとめ

霊的なにおいにはマゼンタピンクで包むイメージをしてください。実際のにおいには、視点を変えて違うところに意識を向けましょう。

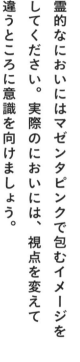

私はここぞというときに失敗したり、自分の幸せを自分で壊してしまうことがあります。これは幸せになることを拒んでいるのでしょうか。解決策があれば教えてください。

Q

マリンさん

A

マリンさんがおっしゃるとおり、幸せになることに対して、自分自身が許可を与えていないということです。そうすると、無意識のうちに、わざと失敗するようなタイミングを選んでみたり、失敗するような行動を取ってしまいます。

マリンさんはまず、「私は幸せになる価値がある」と呪文のように何度も唱えてみてください。すると、おそらくモヤモヤした気持ちが出てくるはずです。なぜなら、自分自身を認めていないから。そのときに、出てきたモヤモヤが紫色の炎に包まれ、しっかりと燃やし尽くされ、光に変わるイメージをしてみてください。これを続けていくと、自分で自分をだんだん受け入れることができるようになります。

自分が幸せになることを受け入れられない人は、実際にたくさんいます。でも、僕たちはこの地球に生まれて、生きているだけで、実は認められ、受け入れられ、そして愛されているのです。この事実に気づいてください。

自分が愛されていることに気づけず、幸せだと思えないときは、とにかく「私はここにいるだけで愛されているんだ」と言ってみてください。すると、だんだんそうかもしれないと思えるようになってきます。自分を受け入れられるようになると、今までにない幸せを感じられるので、ぜひこの事実をしっかりと自分の中に刻んでください。

まとめ

「私は幸せになる価値がある」と何度も唱えましょう。幸せになることを許可できるようになると、成功体験も増えていきます。

なみなみの

ワンポイントアドバイス

4月はパワフルなエネルギーを使って前に進みましょう

4月は社会人になったり、新学期が始まったりと、多くの人にとってのスタートの時期ですよね。この時期に、一度自分を振り返って、「やってみたけどうまくいかなくて、そのままにしているものはないかな」というものを探して、書き出してみましょう。そして、もう一度チャレンジしたいことがあれば、ぜひやってみてください。みんなが「よしやるぞ！」と思っている4月のエネルギーはパワフルなので、このエネルギーと共振することでうまく進んでいくことができます。世の中に満ちているエネルギーを使うことは大事です。反対に、新学期が憂鬱だと思っている人は、ネガティブな道をまっしぐらに進もうとしています。そんな人はまず目を閉じて、目の前に真っ黒い道をイメージしてください。それを両手でつかんで脇に置き、上からきれいな光り輝くキラキラした道を「私はこれを生きるんだ」と足下に降ろし、深呼吸します。そして光り輝く道の先に意識を向けながら、「これから素晴らしいことが待っているかもしれない」と、できるだけポジティブなことを考えましょう。すると、目を開けたときに、憂鬱な気持ちが晴れて、前向きに進んでいくことができます。

Q

私は周りから見たら幸せな状況で、やりたかったことも叶えたのに、すごく虚しくて、何もする気が起きません。これはなぜでしょうか。

りおさん

A

人は誰もが幸せになりたいと願います。けれど、その幸せを外に求めても、本当の意味で幸せになることはできません。車が欲しいと思ったとき、車さえ手に入れば幸せになれると思っていますよね。彼氏が欲しいと思ったときも、彼さえいれば私は幸せになれるんだと思いますよね。でも、車や彼氏という外に見えるものは、いずれは形を変えます。すると、また次を探します。そうやって、次から次へと、外に見えるものを何とか手に入れようとします。でも、本当に欲しいのは車でも彼氏でもなく、自分の中の幸せや豊かさ、安心感、守られている感覚、満たされているという感覚、まさに内側の充実なんです。これに気づけるようになると、幸せを外に追い求めなくなります。

りおさんは今、燃え尽き症候群のような状態になっています。幸せを外に求めることで、エネルギーが外に向いてしまい、内側のエネルギーが不足してしまっているのです。これは、少し休みなさいということでもあります。何もする気が起きないのであれば、何もしなくていいのです。多くの人は、「何かしなきゃいけない」「何かを残さなきゃいけない」と何かを形作ろうとしますが、僕たちが今ここにいるのは、結果を出すためではありません。生きるためです。だから人は本来生きているだけでいいのです。

まとめ

本当の幸せは外にあるのではなく、自分の内側にしか見い出すことはできません。ただ、それに気づくだけでいいのです。

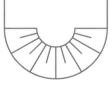

なみなみの
ワンポイントアドバイス

自分ファーストで生きてみましょう

「もっと誰かのために生きた方がいいんじゃないか」と言う人がいますよね。それはそれでとても大事で尊いことですが、もっと自分のために、自分ファーストで生きてみてください。とことん自分を優先することで、自然と「今度は私が与える側に回ろう」という意識になってきます。「周りのためにやらなきゃ」ではなく、まずは自分を大事にしてあげてください。周りを大切にするように自分を大切にすることも、とても大事なことなのです。

　あなたが夢を叶えて幸福感を感じると、それを見ている周りの人も明るくなったり、元気になったりします。あなたがポジティブなエネルギーを発しているからです。だから、自分の在り方というのはとても大事なんです。自分が豊かなら、豊かさを分け与えてあげることができます。でも、自分が枯渇していたら与えられるものはありません。だから、まずは自分を充分に満たしてあげましょう。

資格を取得するために勉強していますが、胃が痛くなったり、身体が縮こまるような感覚になります。これは「他の道を探した方がいいですよ」という身体からのサインなのでしょうか。

ときこさん

自分が望む道に進もうとするとき、僕たちは変化しなくてはなりません。今までやったことがないことをやるというのも変化だし、新しいステージに立つというのも変化です。

それを楽しいと思える人もいますが、変化には大なり小なりストレスが伴いますし、人間というのはどちらかというと、変化を極端に恐れる生き物なので、きゅっと胃が痛くなったり、身体が重くなることがあります。

なので、自分がやりたいと思うのであれば、こうした反応を感じたとき、「変化に対する恐怖が出てきているんだな」と受けとめて、その変化を楽しもうとしてみてください。

ときこさんがやりたいと思っている分野は、大変で、重たいエネルギーがあるので、それを察知して足踏みしてしまっているのを感じます。でも、決して進んでいる道が間違っているわけではありません。

それに、いつだって方向転換はできます。なので、まずは今の目標に対して楽しみながら進んでみてください。

まとめ

変化にはストレスが伴います。
自分がやりたいと思うことであれば、
変化を楽しむ意識で進んでみてください。

なみなみの

ワンポイントアドバイス

ネガティブな感情を諦めの口実にしない

自分の望む道を進んでいく途中で、例えば、上司と合わなかったり、苦手なことに直面したり、心地よくない感情が生まれることがあります。そのときに、ネガティブな感情を「これは自分がやることではないというサインなのではないか」と、諦めの口実に使わないでください。

「今進んでいる道は自分にとっては絶対にやりたいことなんだ」と思うのであれば、その道の途中にある苦手なことは、あなたが克服していく必要があるものということです。だから決してそこから逃げずに、進んでみましょう。

そうしないと、あなたは人生を後悔することになります。克服したその先には、明るい未来が待っています。あとから振り返ったとき、「これでよかったんだ」と満足できる未来がきっと待っているでしょう。自分を信じて、突き進んでください。

CHAPTER

08

家・土地・お墓についてのお悩み

TROUBLES WITH HOUSE,
LAND AND GRAVE

Q

新しく家を建てて住んでいますが、引っ越してから2回も不審者が家に入ってきました。何か対策があれば教えてください。

ぴこさん

A

まずは、イメージでおうち全体を眩《まぶ》しい光で包んでください。真っ白い光の玉で包まれている様を毎日イメージします。神聖な光なので、家に侵入しようとする人は、すごく嫌な気分になるはずです。

光と闇は相性が悪いので、入ろうとすることを躊躇したり、入りにくいなと感じるのです。家を出る前や外出先で気になったときにイメージしてみてください。

他には、天使が部屋中を埋め尽くしている様をイメージするのも効果的です。そして、家のドアというドアの前に天使が立っている様子を想像するのです。どこにいてもできるのでおすすめです。しっかり防犯対策もした上でやってみてくださいね。

まとめ

イメージで家全体を眩しい光で包んであげましょう。天使が部屋中を埋め尽くしている様子をイメージするのも効果的です。

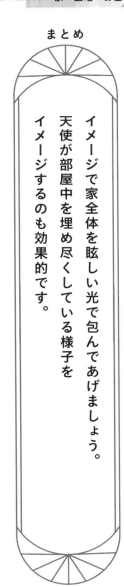

Q

家にいるのが大好きなので、自分の家をパワースポットにする良い方法があったら教えてください。

りえこさん

A

自分の家をパワースポットにするには、まずあなたが好きなパワースポットを一つ決めてください。富士山でも、アメリカのセドナでも、どこでもいいのですが、体感が必要になるので、できれば自分がこれまで行った中で「ここが良かった」と感じる場所がいいですね。

そして、なるべく家の中心で、そのパワースポットにいたときの自分をできる限り詳細にイメージします。そのときの心地よい感じや、気分が上がる感覚を家中に広げていきましょう。景色や自分の体感を家にガチっと重ねる感じです。

そうすると、そのエネルギーを自分の家に持ってくることができるので、家がパワースポットになります。自分だけでなく、おうちに遊びに来た人も、気持ちよさや居心地のよさを感じられるはずです。

まとめ

お気に入りのパワースポットにいるときの心地よい感覚を家の中心でイメージし、家中に広げることで、自分の家がパワースポットになります。

なみなみの
ワンポイントアドバイス

家の運気を上げるには
玄関をきれいに！

「家の運気を上げるためには何をするといいですか？」という質問をよく受けますが、アドバイスをするとしたら「玄関をきれいしましょう」ということです。“運”と表現するこのエネルギーは、玄関から入ってくるので、玄関をきれいにするというのは鉄則です。必要のない靴やサンダル、スリッパはできるだけ靴箱の中に入れてください。玄関の広さは関係なく、とにかくきれいにしておくことが一番大切です。そして、玄関の照明を明るくしてください。ここから運が入ってくるわけですから、電気代は惜しまないでくださいね。

あと、玄関にいろんなものを飾っている人がいますが、置物や植物など、自分が好きなものを1〜2個置く程度にしてください。家族写真を玄関に置くことはおすすめしません。玄関に置いてしまうと、その家族が家から出ていきます。玄関ではなく、リビングなど家族が集まる空間に置いてください。

そして、家の中に階段がある場合は、玄関から入ってきたエネルギーが階段を上って2階へと流れていくので、階段もきれいにしておきましょう。

Q

家の中に嫌な感じの部屋があります。換気をしたり、お香をたいても、あまり効果を感じません。部屋の嫌な感じを変えるためにはどうしたらいいですか。

けいさん

A

けいさんのお部屋を視てみると、簡単に変えられるものではないので、なるべくこの部屋は使わない方がいいですね。

どうしてもこのお部屋の雰囲気やエネルギーを大きく変えたいということであれば、部屋の壁紙を変えたり、天井を変えたり、部屋の大きい面積を変える必要があります。

部屋を浄化する方法としては、カセットコンロを部屋の中央に置いて、毎日10分、火をたいてください。

すごくパワフルな浄化が起こり、エネルギーの流れが変わるのがわかると思います。まずはそれを一週間ほど続けてみてください。火の扱いには十分注意しながら行ってくださいね。

まとめ

壁紙を変えたり、天井を変えると部屋のエネルギーが大きく変わります。カセットコンロで浄化する方法もおすすめ。

土地の影響について教えてください。実家の土地に霊道（霊の通り道）が通っているため病気や争いが絶えないと言われました。盛り塩やガスコンロをたいて部屋の浄化に努めたものの効果はいまひとつ。並木先生は土地が良くなくて、よほどの場合は引っ越しをおすすめするとのことですが、引っ越しが必要かどうかを判断する方法は？

ぴよさん

僕は基本的には、簡単に「引っ越した方がいい」とは言いません。お金も時間も大きく使うからです。盛り塩やガスコンロをたくと部屋の良い浄化になるのですが、ぴよさんの場合は、その域を超えていると感じます。土地自体のエネルギーが良くないのです。土地のエネルギーに引っ張られているので、できれば引っ越しを。新しいステージに行くつもりで、前向きに取り組むとぴよさんにとってプラスになるでしょう。

引っ越し先の大切なポイントは二つ。まずはそこを気に入るか。気に入るということは、ぴよさんの〝気が入る〟のです。だから、自分の場所になります。もうひとつのポイントは、そこが明るく感じるか。明るさや温かさを感じるのはポジティブなエネルギーが満ちているということ。僕たち日本人はそういった感覚がわかる感性を持っているので、自分の感覚を信頼してください。

家相や間取りや条件とは別に、楽しいイメージがわいてくるときは良いのですが、何の気持ちもわいてこなかったり、ネガティブなイメージがわいてくるときは、そこは違うというサインです。

徹底したい場合は、土地のエネルギーを視て、滞りがあればそれをどう改善するかという工夫が必要になります。これには感性もテクニックも必要になり、誰でもできるわけではないのも事実。土地に問題はなくても、例えばマンションの9階だけ霊道が通っていることも。

そんなに重症でないなら、柏手を打つように、大きな手拍子でネガティブなエネルギーを散らすことも有効です。簡単にできる方法は、部屋の四隅で6回ずつ手をたたきます。部屋の窓を少し開けて、起点を決めて、時計回りに行います。そうすると空気感が変わるのがわかるはず。

ぴよさんが今住んでいるところは、歴史的なことを含めた、いわくのようなものがある土地なので、お引っ越し先が決まるまで、できるだけポジティブに過ごしてください。良い気分でいることで、重いエネルギーと共鳴しなくなります。

そして、ぴよさん自身、実はこの土地を離れた方がいいと思っているのではないでしょうか。ぴよさんにとっての新しい人生の展開が待っているということでもありますので、思い切って引っ越しを考えていただくとよいと思います。

まとめ

引っ越し先は本当に自分が気に入るか、明るく温かいイメージを感じるところを選ぶ。自分の感覚に従う。

なみなみの
ワンポイントアドバイス

土地の重いエネルギーに共鳴せず
楽しく暮らすこと！

土地の影響という話を聞くと、「うちは大丈夫？」と心配になる方も多いのではないでしょうか。どうしても引っ越さないといけないような土地は、そうそうありません。なおかつ、いわくも何もない土地を探すのは狭い日本では難しい。たどれば歴史的なことも出てくるでしょう。

ですから、あまり気にしすぎないこと。できるだけポジティブに楽しく日々を過ごす工夫をすることで、ネガティブなエネルギーと共鳴しなくなり、ネガティブな土地であっても影響を受けにくくなります。

ただし、人間ですから感情の浮き沈みがあるのは仕方のないこと。落ち込んだときにその土地の重いエネルギーと共鳴して、とたんに体調を崩したりすることもあるので注意してください。

気分よくポジティブに暮らす工夫をすることが対策になります。

Q

3年ほど前に父が他界し集団墓地に入りました。最近、樹木葬や海にお骨をまいたりと、故人のお墓を持たない人も増えています。ちゃんと成仏できるのでしょうか。父の仏壇や位牌もありません。あの世で父が困っていないか心配です。

りょうこさん

A

結論から言うと、心配いりません。亡くなったあと、お骨はお墓に入ったとしても、僕たちの魂はお墓に住むわけではないのです。僕たちは目に見えないものはとらえどころがないですが、仏壇やお墓は目に見えるので明確なアンテナの役割を果たします。そこから向こうの世界につながる窓口のような感じで意識的に使うことができるのです。

ただ、それらは絶対に必要なのかというと、そうではなく、向こうの世界に行っても、こちらで思っていることや感じていることは通じています。お墓がなくても、話しかけることはできます。「いつも見守ってくれてありがとう」「光の道に真っすぐ進んで行ってね」と言うことができます。

故人と会話をするときは、心の中で声をかければよいのです。故人は心の耳で聞いています。心の声をキャッチする、いわゆるテレパシーです。

離れたところに仏壇やお墓があっても、故人に語りかける場所をご自分で決めて、そこで話しかければ、その場所がアンテナになります。

これからお墓を持たない人が増えるかもしれませんが、そんなふうに語りかけてみてください。位牌も持たなくてもいいし、持ちたければ持てばよいのです。

戒名をつけなければ成仏できないだなんて、本当にそう思いますか？　お坊さんにお経をあげてもらって成仏するのではなく、自分が肉体を脱いだら、自分の力で上がっていく。向かう先を自分で決めて、自分で成仏する意識が大切なのです。

こういった意識で生きる人が増えれば、「お墓がなくて……」などと悩む人も減ります。「家族を残してきて大丈夫かな……」と故人が心配することがありますが、「こっちは大丈夫。自分たちでできるから」と、残った家族が言ってあげることが大切です。向こうに行こうとしている故人が後ろ髪を引っ張られる状態にしない。それが一番のご供養なのです。

まとめ

お骨はお墓に入ったとしても、僕たちの魂はお墓に住むわけではない。お墓がなくても、話しかけることはできます。そこで語りかければ、その場所がアンテナになるのです。

Q

目に見えない存在が見える人に、「前に住んでいた土地にとても気に入られて、そのときに憑いた鬼が、今住んでいる場所との縁を邪魔している」と言われました。鬼は本当にいるのでしょうか？　また、「(今の場所は)海なし県だから、海に縁があるあなたには合わない」と言われ、気になります。

てふてふさん

A

「鬼」と呼ばれるような形相の、姿形のものは確かにいますが、妖怪の類《たぐい》と一緒で、人の念とか思いが複雑に絡み合ったところに、悲しみや恨みをかかえた存在が合体して生まれるようです。精霊やフェアリーという自然霊が、鬼に見える場合もあるでしょう。どういう視点やスタンスで見たかはわかりませんが、そういう存在がいるかというと、いますとお答えします。

ただ、ここで大切なのは、てふてふさんがどうしたいかです。水に縁があるなら、海がないところでも水を近くに置くとか、水に触れる機会をつくるとか、川のそばでもいいですし、まずは人の意見に振り回されるのではなく、自分はどうしたいのかが重要です。前の土地に戻りたいなら戻った方がいいでしょう。

それに、「鬼が憑依している、祟られている」なんて言われたら怖いし、不安ですよね。勝手に、「鬼みたいなものが見えるけど、こうした方がいい、ああした方がいい」と、聞いてもいないのに言うのは余計なお世話です。解決策を言えないなら、元々言うべきではありません。

まとめ

鬼という姿形のものは確かに存在しますが、そんなものや人の意見に振り回されるのではなく、自分でどうしたいのか。それを大事にしてください。

なみなみの
ワンポイントアドバイス

粗塩をまいて掃除をすると家の浄化に

土地がネガティブな場所だったとしても、住んでいる人の意識が大切です。日々、仲良く楽しく暮らしていればネガティブな波動と共鳴しなくなるので、影響を受けなくなります。

掃除をするときも、粗塩をまいて、10分ほど置いたら掃除機で吸い取ると良い浄化になります。もしくは粗塩を入れた水を固くしぼった雑巾で拭き掃除するのも浄化になります。

そうやって家の波動を高めていくと影響を受けなくなります。その上で、住んでいる土地や家に住まわせていただき、守ってもらっていることに感謝の気持ちを持つことで、より快適な環境になっていくでしょう。

CHAPTER

09

ペットのお悩み

CONCERNS ABOUT

PET ANIMALS

猫を飼っています。毎晩一緒に寝るのですが、先日ベッドに来ませんでした。翌朝、私の顔をまるでお化けを見るように怖がり、私の部屋にも近づこうとせず、数日ずっと物陰に隠れていました。何か霊的な怖いものでも見たのでしょうか。

プリンさん

怖いものを見たんです。このときのシーンを視てみると、プリンさんの後ろに髪の長い女性が一緒に横たわっていました。猫ちゃんはそれが視えるので、寄りつけなかったんです。でも今はいませんから、安心してください。

猫はすごく敏感なんです。犬も敏感ですが、猫の方がもっと敏感です。そのときは、いわゆる霊と同調しちゃったんです。まれにそういうことがあります。ただ、ここで知っておいてほしいのは、怖がらないということ。

僕たちは肉体を持っている分、生命力が強いので、霊よりも強いんです。なので、怖がらなくて大丈夫です。たとえ憑依されたとしても、僕たちには守護霊という存在がいます。彼らは日常生活で、僕たちがお風呂に入ったり、運動して深い呼吸をしていたりするときに、そうした霊体を外してくれるものなんです。

でも、例えば体に何か不具合があったり、エネルギー的に不健康なときは、そこにひずみができて引っ掛かることで、抜けなくなってしまうんです。それが定着してしまうと、深刻な病になったり、トラブルが出てくるときもあるんです。

あまりにも深い部分に影響してしまっているときには、いわゆるプロの霊能者の力が必要になってきます。

そうじゃないときは、粗塩と清酒で簡単に外せます。それらをお風呂に入れてよくかき混ぜ、そこに20分ほど浸かってください。2、3つかみの粗塩を入れて、1〜2合ぐらいの清酒の量でよいでしょう。それ以外は「エプソムソルト」もおすすめです。

実際（霊的に）引っ掛からないようにするには、心身ともに健康であることが大切です。健康的なライフスタイルを心がけ、ポジティブに日々を楽しく軽やかに生きていると、そういうひずみがなくなりますよ。

まとめ

猫は敏感なので、霊が視えたりする。
人間はエネルギー的に不健康だと、霊的なひずみが出てくる。
お風呂に粗塩と清酒を入れて20分浸かるとよい。

免疫を高めるために鎖骨と肋骨の下をタッピングすると

いいと聞きましたが、

犬や猫の免疫を高めるために有効な方法は？

最近、愛犬のおなかの調子が悪いので何かできれば……。

愛犬家さん

確かに、免疫を高めるためには、鎖骨と肋骨の下をタッピングするのも有効です。お子さんの場合は寝かせてタッピングをしてあげるといいでしょう。

犬や猫の場合は、周りのエネルギーの影響を強く受ける傾向にあります。それがエネルギーのアンバランスを生み、体調に影響することも多いため、エネルギーの影響を受けにくくしてあげることが対策になります。

内側から順に、純白、エメラルドグリーン（発色のいいグリーン）、ペールイエロー

（薄い黄色）の光のエネルギーで三重に包んであげてください。イメージをすることで、エネルギーの膜ができます。だいたい8～12時間でこの膜は摩耗して崩れてしまうので、一日数回、光で包むイメージをして、「この中は完璧に安全」と心の中で意図しましょう。イメージの力はパワフルなので、ぜひやってあげてください。

エメラルドグリーンは癒やしの色といわれますが、体調やバランスを整えてくれます。ペールイエローは動物にとって特に有効です。離れていたり、目の前にいなくても思い描くだけで大丈夫です。

念を送ったり飛ばすということではなく、自分の中の認識です。「色に包まれて安全」と、思い描いてあげるだけでよいのです。

また、手を当ててあげることは、治療や癒やしにつながります。ヒーリング能力が高い人もいて、それぞれ違いがありますが、誰でもできる方法としては、手のひらを30回ほどこすりエネルギーを活性化させます。

〝気〟が集まってきたと思ったら、その手のひらを自分の痛いところに当てたり、ワンちゃんや猫ちゃんに当ててあげるとよいでしょう。

まとめ

純白、エメラルドグリーン、ペールイエローのエネルギー（光）で包み、「色に囲まれてこれで安全」と思ってあげる。

犬と赤ちゃんの関係について。私の犬はとても人懐っこいのですが、赤ちゃんが家に来ると怯《おび》えて逃げてしまいます。犬には赤ちゃんがどう見えているのでしょう。

ラブラドールさん

赤ちゃんにもよると思いますが、たぶんラブラドールさんは特定の赤ちゃんを言っているわけではなさそうです。基本的に、ワンちゃんはオーラが視えます。オーラという波動とか周波数の色味をです。犬には特に苦手な色があり、その色は青です。青いエネルギーを発している人には怯えたり、吠えたりします。黄色のオーラの人には、しっぽを振って寄って行ったりする傾向が見受けられます。オーラは誰もが発する生命エネルギーなので、それを視ているのです。肉体的な目ではなく、ワンちゃんの霊的な感性を通してとらえているのです。

犬にも猫にも性格があるし、動物には、「自分は人間だ」と思っている子もいます。エネルギーを雰囲気として感じ取っていて、僕たちが喜んだり落ち込んでいたりすると、それに反応します。言葉を細かく理解しているのではなく、色に反応しているのです。猫はスピリットや、違う次元が視えます。
人間の場合、赤ちゃんは霊的な世界から地球にやってきて間もないので、霊的な感覚がまだ色濃く残っています。ご先祖が赤ちゃんをあやしに来ているとき、何もない空間を見てきゃっきゃと笑っていたりするのです。

まとめ

犬はオーラが視えるので、青いオーラの人には吠えたりします。赤ちゃんには霊的な感覚が残っているので、犬はそのパワフルなエネルギーを感じ取るのでは。

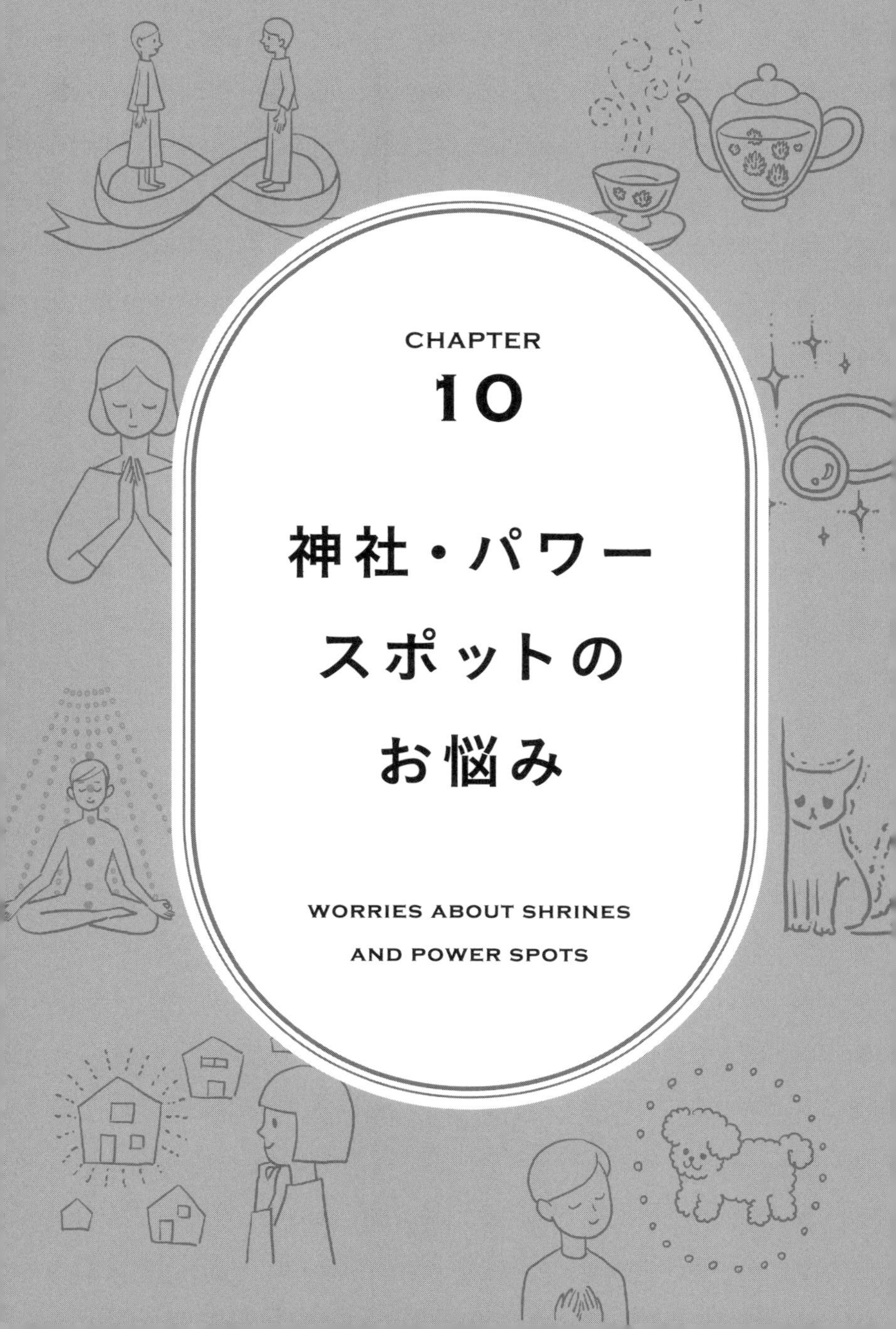

CHAPTER

10

神社・パワースポットのお悩み

WORRIES ABOUT SHRINES
AND POWER SPOTS

Q

神社のお札というのは毎年いただいてきた方がよいのでしょうか？現在賃貸マンションで神棚もなく、今はお札を半紙に貼って、さらにその半紙を壁に貼っています。そんな状態でお祀りするのは非常に申し訳なく、いただいて来ない方がよいのかなと思っています。

なつみんさん

A

お札は、「気枯《けが》れ」という、家や住んでいる人のネガティブなエネルギーを吸ってくれるので、できれば毎年替えた方がよいでしょう。ただ、「毎年いただくのが面倒くさいな」と思いながらやるのは、決していいことではありません。

でも、もしお札を本当にいただきたいなら、なつみんさんのように神棚がなくてもいただくことはできます。どうしてもお飾りしたいのに神棚がなかったら、本棚などでもいいんです。本棚の空間を一つあけて、半紙を敷いてそこに立てかけるという形でも構いません。要は気持ちの問題です。

ただ、飾るところは、自分たちと同じ足元に置くのではなくて、ちゃんと上の方に、できれば目線よりも上の方に、なるべくお札の面が東の方に向くように置いてください。太陽が昇る方向に向けましょう。1階に飾るのであれば、半紙に「空」とか「雲」と書いてお札の上の天井に貼ります。そうすると、この上は人が歩いていても人が歩くところではなく、空や雲ということになり、神様の上は天につながっているということになるのです。

まとめ

面倒だと思うならいただかなくてもよい。
飾りたいなら、お札は毎年替えましょう。
神棚がなくても、お札を飾ることは可能です。

なみなみの

ワンポイントアドバイス

神社のお札は定期的にお返ししましょう

神社のお札は僕たちの「気枯《けが》れ」と呼ばれているネガティブなエネルギーを掃除機のように吸ってくれます。お札をずっとお返ししないで飾りっぱなしの人がいますが、お札にも限界があるんですよね。だいたい半年から1年くらい、その家に住んでいる人たちのネガティブなエネルギーを吸ってくれます。でも、許容量がいっぱいになってしまうと、今度は漏れ出してしまうのです。そうすると、せっかく吸ってくれた「気枯れ」が今度は家の中に充満します。

なので、基本的にはお札はいただいた神社にお返しすることが大切です。その神社にお返しできなければ、土地の氏神さまのところにお箱などが用意されていることがありますので、そこに「お願いします」と言ってお返しするとよいでしょう。決してそのままにしないで、お札をいただくのであればきちんと定期的に交換することをおすすめします。決してゴミ箱には捨てないでください。

Q

私と夫が寝ている部屋の神棚に榊《さかき》をお供えしているのですが、なぜか早く枯れてしまいます。残った植物を他の部屋に置いたときは枯れません。どうしてでしょうか。

みずえさん

A

これはみずえさんとご主人の〝気枯《けが》れ〟を榊が吸ってくれているのです。気枯れというのは、簡単に言うとネガティブなエネルギーです。ネガティブな感情や人から飛ばされた念など、いろいろありますが、あなたの頭上にある榊がこれらを吸うことで、枯れてしまっているわけです。だから、「吸い取ってくれてありがとう」と言って、感謝して取り替えるようにしてください。反対に、みずえさんたちがそこで寝なくなると、枯れにくいのがわかると思います。

植物には僕たちのネガティブなエネルギーを吸収し、ポジティブなエネルギーに変換する作用があります。なので、気枯れを吸うと早く枯れてしまうんですね。何か悪いことが起こるとか、そういうことではないので、安心してください。

重たいエネルギーがたくさん渦巻いているところに植物を置くと早く枯れますが、軽やかなエネルギーのところに置くと生き生きします。

気に入った植物を部屋の惹かれるところに置いてみてください。前述した作用により、その場の波動を上げ、エネルギーを軽やかにしてくれます。

僕たちは波動を上げることでいろいろなことがうまく回りはじめます。おうちの中を軽やかな波動で満たしていくというのもとても大事なことなので、ぜひやってみてください。

また、自分が疲れたとき、数回葉っぱをなでてあげると、疲れがスーッとその葉っぱに吸い込まれていきます。

植物は素晴らしいパワーを持っているので、愛情を込めて飾ってみるとポジティブなエネルギーを取り入れることができます。

まとめ

植物が早く枯れてしまうのは、人間の気枯れを吸ってくれているからです。
植物にはポジティブなエネルギーに変換する作用があります。

以前、厳島神社で引いたおみくじが凶で、内容も怖く、携帯で写真を撮ってから結んできました。翌日、尾道で引いたおみくじは大吉でした。最近、娘のことで悩んでいて、そのおみくじのことが気になっています。

まこさん

まず、おみくじは神様からのメッセージなので、結んできてはいけません。本来おみくじというのは、結ぶものではないんです。おみくじには難しい言葉でいろいろ書かれていますが、その言葉こそが大事なのです。

失せ物が出る出ないとか、待ち人が来る来ないということよりも、そこに書かれている言葉をちゃんとかみ砕いて理解すれば、凶や大吉に振り回されなくていいんだということがわかります。

おみくじに書かれていることに気をつけながら生活していくと、必要なサポートが得られたりトラブルを回避できたりするので、結ぶのではなく、ちゃんと持ち帰って読み解いて、それを意識することで生活に役立てていく。これがおみくじの正しい使い方になります。

娘さんのことで悩んでいるとおっしゃっていますが、シンプルに低い波動というのは高い波動に引っ張られる傾向があります。

まこさんが娘さんのことで悩んでいると、波動が落ちていきます。この落ちた波動と娘さんが共振してしまうと、もろとも崩れてしまいますよね。

なので、まこさんはイメージの中で、風船に自分のネガティブな感情を真っ黒やグレーなどの色にして全部吹き込み、空気口をしばったら、宇宙に飛ばしてみてください。見えなくなったら深呼吸……これで手放せます。そうやって自分の気分を上げていい状態をキープする。そうすると、娘さんの波動も上がってきます。

「お母さんが笑顔だと、家族みんなが笑顔になれる」と言いますよね。それはまさにこういうことなんです。お母さんがとにかくどんなときも、娘さんを信頼して、ドンと構えて笑顔でいると、娘さんのエネルギーも引き上がってくるので、とにかく娘さんを心配するよりも、自分の状態を良くしていくこと、自分の気分を上げていくことに意識を向けてみてください。

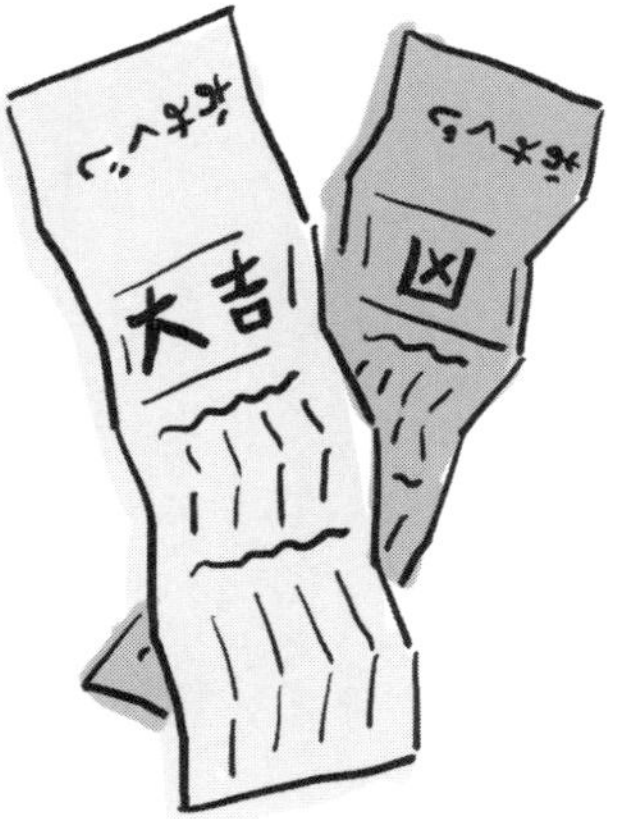

まとめ

おみくじは結ばないでください。
書かれている内容を読み解いて生活に生かすことが大事。
そして、自分の気分を上げていくことに意識を向けましょう。

なみなみの

ワンポイントアドバイス

ネガティブイメージを
ポジティブに変える方法

　おみくじのメッセージにネガティブなことが書いてあると、やっぱり怖いと思いますよね。そのときに避けたいのは、「絶対こんなふうになりたくない」と思うことです。「こんなふうになるのは嫌」と否定したとき、作用反作用の法則のように、ものすごい勢いでその現実が押し寄せることになります。なので、ぜひこんなふうにしてみてください。例えば、交通事故に遭ったらどうしようと、何か良くないイメージがわいたとします。そのとき、交通事故を象徴するような写真を思い浮かべます。そうしたら、両手を使って、思い描いているイメージをつかみ、「私はこれを選ばない」とそれを横にスライドさせてください。そして、自分が安全な状態、光り輝いているビジョンをイメージし、本当に手を伸ばして、「私はこれを選ぶ」と言って、それを上から自分のところに下ろしてくるんです。そして、深呼吸をしながら、そのビジョンが光の粒子になって自分の呼吸とともに体の中に入り、体中に満ちて、光り輝く自分になったらOKです。そうすると、気分が明るく高まり、流れも本当にポジティブなものに変わっていきます。

実家の裏の神社に三、四十年ぶりにお詣りした後、Tシャツの胸ポケットに葉っぱが一枚入っていたので、神様に歓迎されたと喜んだのですが、翌日、車をぶつけてパンクしました。これは意味があるのでしょうか。

かえさん

まず、かえさんが神様に歓迎されたと思ったのなら、それは間違いありません。次の日、車をぶつけてパンクしたとありますが、歓迎された翌日に起こったということは、大きな事故から守られたんだと思ってください。そういう意識の持ち方がもっと神様の力を自分に引き寄せることになるのです。

すべては僕たち次第なんです。すべて自分の中にあるんです。

神様は僕たちが本来持っている力や可能性を引き出してくれるものなので、神社に行って「ご縁をありがとう」と言って神様と絆を結べば、さらにいろんな形、いろんなタイミングでそれを引き出してくれます。

それに対して、また「ありがとう」と言うことで、人はどんどん高みに昇っていくことができるのです。

まとめ

大きな事故から守られたと思ってください。すべては僕たち次第。神様は僕たちが持っている本来の力を引き出してくれます。

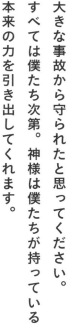

なみなみの
ワンポイントアドバイス

神社で禊《みそ》いで「我」を外すと「神」になる

神社の拝殿には、三種の神器（八咫鏡《やたのかがみ》、天叢雲剣《あめのむらくものつるぎ》、八坂瓊《やさかにの》勾玉《まがたま》）といって、鏡が入っています。鏡は“かがみ”と書きますが、真ん中の“が”は人間の自我やエゴを表していて、この“が”が抜けると“かみ”になるんですね。僕たちが神殿に詣でるとき、その鏡の御神体に自分が映ります。それは、「あなたが神なんですよ」ということを教えてくれているのです。

ただ、僕たち人間は「我」を持っているので、そのままでは神ではありません。この神社でしっかりと禊いで、「我」を外すことができれば、あなたは神になるのです。

そういう意識で神社にお詣りすることで、自分の中の神聖さを引き出す、いいきっかけになります。

神社はお願いをする場所というよりも、自分が神聖な存在であることを思い出す場所なんだと意識して、感謝の気持ちだけを持つようにしてみると、神社詣りのエネルギーが変わってくるのがわかると思います。そういう意識で惹かれる神社をお詣りしていただけたらと思います。

縁結びの神社に行きました。その数日後から、２年前に別れた旦那が気になっています。意味があるのでしょうか。

みかんさん

散々喧嘩して別れた相手を、なぜ今になって気になるんだろうということは、実は、多くの人が体験しています。みかんさんの場合、別れるときに自分の中で整理しきれていない感情があったはず。お二人の関係性にまつわることで、手放さないといけないことに気づいて、整理してクリアにしなさいということです。そこが浮き彫りになって気になってきているわけです。思い出すからといって、それがイコール復縁に結びつくわけではありません。

まずは自分を内観し自分と向き合うこと。絶対に連絡を取った方がいいと感じたら連絡すればよいのです。

「縁結び」といっても、恋愛だけが対象ではありません。友人関係も仕事関係も同じこと。縁結びの神社に行く前に、ぐちゃぐちゃになって絡みついているご縁を断ち切って、新たな縁を結ぶために縁切り神社に行くことをおすすめします。

自分でも気づいていない、未完了な関係性を完全に切ってほしいという祈りです。

「○○さんとの縁を切りたいです」と具体的な名前を出してもよいですし、自分でも気づいていない、エネルギー的に絡まったご縁をスッキリさせたいと祈り、エネルギーがきれいになった状態で縁結び神社に行くと良縁が結ばれるのです。

まとめ

自分の中の整理しきれていない感情に向き合うこと。縁結びの神社に行く前に、縁切り神社に行きましょう。

Q

初詣に行った後、いきなり体が重くなりました。こういうときのいい対処法があれば教えてください。

あきふみさん

A

実は、神社にお詣りに行って体が重くなることは、そんなに不思議なことではありません。なぜなら、お詣りにはいろんな人がいろんな思いを持って来るからです。中には、「ある人を蹴落として自分がのし上がりたい」といった欲望に満ちあふれたお願いもあるわけです。

そうすると、神社内に重たいエネルギーが渦を巻いてしまうので、それに感応して同調すると、その思いの影響を受けて自分の体が重くなってしまいます。

こういうときは、お風呂に粗塩と清酒を入れて、浸かってみてください。粗塩はふたつかみぐらい、清酒は1〜2合がちょうどいいでしょう。浄化されて、重たいものが外れていきます。

まとめ

粗塩ふたつかみと清酒1〜2合を入れたお風呂に浸かると、体の重たい感じがなくなります。

パワースポットで有名な神社をお詣りした後から右側の腎臓の上がゾワゾワし、誰かに足を触られている感覚があります。もしかして憑依されてしまったのでしょうか。

ひまわりさん

これは確かに男性のスピリットを拾ってきていますね。神社は神聖な場所だから、霊はいないという人もいますが、実はいて、その場所に行くことで憑依されてしまうことがあります。

こういうとき、「霊能者のところに行って除霊をしたり、神主さんにお祓《はら》いをしてもらったりした方がいいですか?」と聞かれることがありますが、やってみたいと思うのであればやってみるといいと思います。ですが、自分で外すこともできるんです。

憑依されるということは、霊が持っているネガティブなエネルギーと、自分がその時に持っていたネガティブなエネルギーが引き合ってしまったということです。

ちなみに、ここで言うポジティブとネガティブは、いい悪いという意味ではなく、エネルギーの性質です。ポジティブというのは、「統合」と言って、ひとつに集約されていくエネルギー、調和のエネルギーとも言います。

反対に、ネガティブというのは統合に対して分離していくエネルギーで、重たいエネルギーと表現されます。「少し気分が落ちているな」と感じるときは、エネルギーの性質がやはり重くなってしまっているということです。

これを解決するには、自分がポジティブになればいいのです。身に着けていると気分が上がるものや、やっていると気分が落ち着くこと、行くと楽しい気持ちになる場所など、とにかく自分の気分が上がるようなことを意識して、自分を幸せな気分で満たし、気持ちを落ち着けてみてください。そうすると、憑依しているスピリットとの波長が合わなくなるので、外れていきます。

あと、こういうときに手軽にできる方法としておすすめなのが、エプソムソルトをお風呂に入れて、20分ほど浸かることです。エプソムソルトは体や肌のためにもいいですが、エネルギーのケアにも非常に有効といえるでしょう。

まとめ

自分がポジティブになれるように好きなことをやってみましょう。エプソムソルトを使った入浴も効果的です。

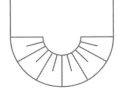

おわりに

皆さん、いかがでしたでしょうか？　リスナーさんからのお悩みに対して、お答えしたことが、あなたの状況と何かしらリンクし、解決へのヒントが得られたり、共感できる部分が発見できたなら何よりです。

「はじめに」の最後に書かせていただいた、「誰かの悩みは、あなたのためにあるのかもしれない」という言葉通り、こういった形で役に立つことがあるんですね！

言い方を換えれば、「あなたのお悩みは、何かの機会を通して、誰かの役に立つかもしれない」わけです。

ラジオではなくても、本ではなくても、あなたの悩みから受け取った「気づき」や「学び」を、誰かとの何気ない会話の中で話したとき、その相手は「人生を変えるきっかけを受け取ることになるかもしれない」のです。

そう考えると、あなたが今悩んでいることに対する、とらえ方や感じ方が、少しは変わるのではないでしょうか?

僕たちは、少し視点を変えるだけで、全く違うアプローチができるようになったり、いい意味で、どうでもよくなったりするんですね!

つまり「隣の部屋に移る」くらい、悩みを解決するのは簡単だったことに気づくのです。僕たちは難しく考えすぎてしまう傾向が、特に悩んでいるときには強くなりがちです。

昔、こんな話を聞いたことがあります。トンネルを通ろうとしたトラックが、車の車高が高すぎてハマってしまい、身動きが取れなくなったので、運転手は助けを呼び、機材が持ち込まれ、と大変な騒ぎになりました。

それで、大人たちは何とか車を引き出そうと、機材を使って四苦八苦しているのですが、どうにもなりません。

そこに親に連れられた子どもが通りかかり、「何をしてるの？」と不思議そうに尋ねます。大人は「車が大きすぎて、トンネルにハマってしまったから、機材を使って引き出そうとしてるんだけど、どうにも動かないんだ」と答えます。

すると、すかさず子どもが「ふーん、タイヤの空気を抜けばいいんじゃない？」と言い出し、周りの大人たちが、キツネにつままれたように「何でそんなことに気づかなかったんだろう……」と、その後、あっという間に、トラックを引き出すことができたのです。

そう、僕たちは、もっとクリエイティブになる必要があります。「いつも通り」のものの見方から、少し離れてみるのです。軽やかな意識という意味で、「ゲームをクリアする」ような気持ちで、改めて悩みに向き合ってみると、トラックの話のように、そこから一気に抜けていけるようなことが起きるかもしれません。

悩みを抱えていると、人はどうしても深刻になりがちです。僕は常々、人生「真剣」

になっても「深刻」にはならないように、とお話ししています。深刻になることで、意識が重くなり、高い視点でものを見ることができなくなってしまうからです。

この「視点を上げる」ということが大切で、これは「次元を上げる」と、言い換えることができます。

かのアインシュタインは、「いかなる問題も、それが発生したのと同じ次元では解決できない」という言葉を残していますが、まさにその通りですよね！

僕たちが悩みから抜け出したいなら、これまでと同じようなものの見方やとらえ方をしていたら、それは、悩みから抜けられないどころか、さらなる悩みを生み出しかねません。

でも逆を返せば、僕たちは悩みを抱えるたびに、「その先」に出ていくチャンスが与えられていて、クリエイティブな高い視点を使うことで、アップグレードされることにもなるわけです。ワクワクしませんか？

だって、そのアップグレードされた自分で、これから先の人生を生きるなら、「今までとは違った人生の流れを生きる」ことになり、それは「今まで出会ったことのない人やものに出会い、体験したことのないことを体験できる」ことを意味しているからです。

そう考えてみると、悩みが出てくることも悪いことばかりではないですよね？　これも、視点を上げるということになります。

ということは、悩みを抱えていればいるほど、「あなたには大きなチャンスが与えられている」ということでもあります。「人生大逆転のチャンス」です。

これを踏まえて僕が常々思うのは、「人生は見方次第、とらえ方次第」なのだな、ということです。たとえば、「99」恵まれていても、「1」不足していたとして、その不足の方に気を取られ、悩みの種にしていたら、その人は不幸でしょう。

でも、この比率が反対でも、恵まれている方に意識を向けられたら、たちまち豊かさを感じることができるのです。

つまり、人生は「僕たち次第」で、どうとでもできるのです。それほど、僕たちはパワフルな存在なのだということを忘れないでください。

さて、そろそろお開きの時間がやってきましたが、FMヨコハマ「言ったもん勝ち！だもん」は、まだまだ続きます。もし、あなたが抱えているお悩みを聞いてほしい、視点を上げるための助けが必要だと感じたら、番組宛に、ぜひ「ガチボイス」を送ってください。

個性豊かな仲間たちと、皆さんのお悩みにお答えし、あなたがより豊かで幸せな人生の流れに乗っていけるよう、精一杯、お答えしていきたいと思います。最後までお読みいただき、ありがとうございました！

それでは、声をそろえていきましょう。せーの「言ったもん勝ち！だもん」。ラジオにて、またお耳にかかれますことを楽しみにしています！

並木良和

並木 良和（なみき よしかず）

幼少期より不思議な能力を持ち、整体師として働いたのち本格的にメンタルアドバイザーとして独立。現在は、人種、宗教、男女の垣根を越えて、高次の叡智につながり宇宙の真理や本質である「愛と調和」を世界中に広めるニューリーダーとして、ワークショップ、講演会の開催等、活発な活動を通じて世界中で10000名以上のクライアントに支持されている。毎月開催されるレギュラーワークショップは毎回満席になり、2021年・2022年の冬至には両国国技館、2023年の冬至は有明コロシアムにて、会場・オンライン合わせ10000人以上を動員。FMヨコハマをはじめ、東海ラジオ、LOVE FM、HBC北海道放送など全国のラジオ放送局でパーソナリティーとしても番組を持つほか、著書「目醒めへのパスポート」（ビオ・マガジン）、「みんな誰もが神様だった」（青林堂）、「ほら起きて！目醒まし時計が鳴ってるよ」（風雲舎）など20冊以上の書籍を出版し、いずれもベストセラーに。メンタルアドバイザーとしての活動に加え、ラジオDJ・作家などさまざまな媒体で活躍の場を広げている。

ラジオ 言《い》ったもん勝《が》ち！だもん

お悩《なや》み解決《かいけつ》！並木良和《なみきよしかず》の生《い》きるヒント

2024年3月22日　第1刷

著者：並木良和

発行者：菊地克英

発　行：株式会社 東京ニュース通信社
〒104-6224　東京都中央区晴海1-8-12
TEL：03-6367-8023

発　売：株式会社 講談社
〒112-8001　東京都文京区音羽2-12-21
TEL：03-5395-3606

印刷・製本：株式会社シナノ

構成・執筆：前嶋由美子
山田洋子（オフィスカンノン）

デザイン：廣田敬一（NEUTRAL DESIGN）

イラスト：AOBATORI

編集：佐藤千秋

校閲：みね工房

協力：株式会社クリエーション

SPECIAL THANKS：ガチボイス投稿いただいたリスナーの皆さん

ISBN 978-4-06-535092-8